쉬운 뮤직스텝

마법 칼림바교실

이효원 편저

일신서적출판사

책을 내며

이 책은 칼림바를 처음 접하는 아이들과, 그 곁에서 함께하는 모든 이들을 위해 만들어졌습니다.

악보를 잘 읽지 못해도, 음악이 어렵게 느껴져도 '해야 하는 공부'가 아닌 소리부터 즐기며 음악과 자연스럽게 손끝에서 시작되는 놀이가 되기를 바랐습니다.

이 책에는 혼자 연주하며 음악에 집중하는 시간과 더불어 함께 소리를 맞추는 2중주 곡도 담았습니다.
또한 연주회와 음악 발표회에서도 활용할 수 있도록 반주 음원 QR코드를 함께 수록하였습니다.

서로의 소리에 귀 기울이고, 기다리고, 이어가는 과정 속에서 아이들은 협동과 배려, 함께 완성해 나가는 기쁨을 경험하게 됩니다.

이 책이 음악을 시작하는 모든 이의 여정에 따뜻한 동반자가 되기를 바랍니다.

이효원

차례

칼림바 이야기

칼림바는 영국의 민족음악 학자인 휴 트레이시(Hugh Tracey)가 1954년에 고안한 악기로, 아프리카의 라멜로폰 악기를 변형하여 상자나 판 형태의 몸통 앞면에 음 높이가 다른 금속 건반 여러 개가 배열되어 있습니다.

악기 연주 시 두 손으로 악기의 몸통을 감싸 쥐고 양손 엄지손가락으로 건반을 튕겨서 소리를 내는데 오늘날에는 휴 트레이시가 고안한 원형을 토대로 다양한 유형의 칼림바가 제작되고 있습니다.

칼림바의 가장 큰 장점 중 하나는 연주가 간편하다는 점이며 건반의 음 높이는 일반적으로 서양 음악의 음 높이에 맞춰 조율합니다.

칼림바의 종류

8키 칼림바 : 칼림바 소리를 경험해 보는 아주 쉬운 칼림바입니다.

17키 칼림바 : 가장 많이 쓰이는 칼림바로 동요와 익숙한 노래를 연주할 수 있습니다.

21키 칼림바 : 넓은 음역을 가지고 있으며, 어려운 곡을 연주하는데 적합합니다.

34키 칼림바 : 가장 큰 종류 중 하나로, 넓은 음역과 풍부한 음색을 제공합니다.

사운드박스형(나무)

플레이트형(나무)

사운드박스형(야자열매)

칼림바의 구조와 명칭

몸통(바디) : 소리의 울림을 만들어내는 부분입니다.

건반(키) : 금속으로 만든 막대 모양으로 엄지손가락으로 튕겨서 소리를 냅니다.
　　　　　길수록 낮은 음, 짧을수록 높은 음을 냅니다.

브릿지, 너트, 새들 : 건반을 몸통에 고정하고 건반의 진동을 몸통으로 전달하는 나무나
　　　　　　　　　금속으로 만든 부품입니다.

사운드 홀 : 몸통 정면에 있는 큰 구멍으로, 내부의 공명 소리를 밖으로 내보내 연주
　　　　　　소리를 키웁니다.

뒷면 사운드 홀 : 바디 뒷면에 있는 1~2개의 작은 구멍으로, 손가락으로 열고 닫아
　　　　　　　　비브라토(떨림) 효과를 낼 수 있습니다.

진동 바 : 건반이 브릿지 위에서 고정되어 진동할 수 있게 하는 부분입니다.

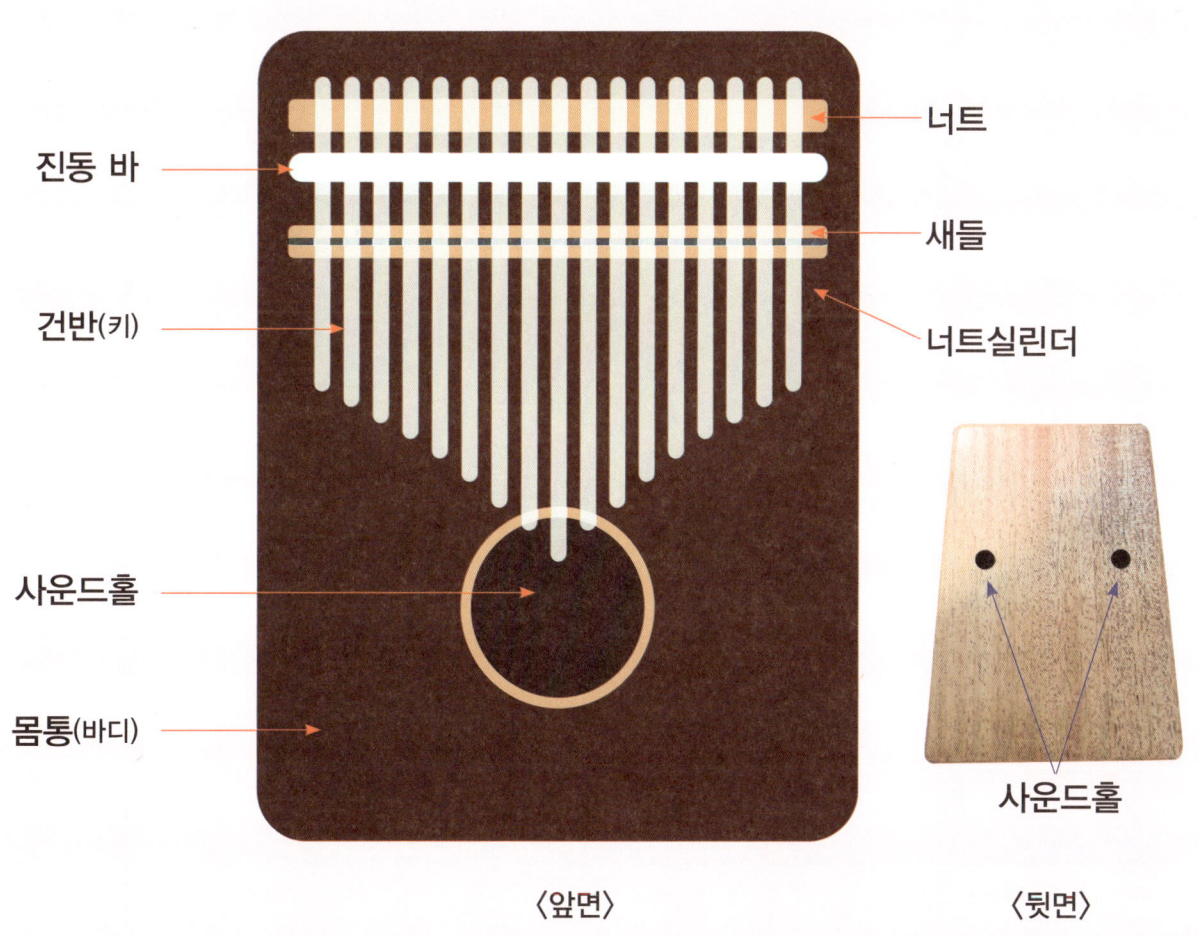

〈앞면〉　　　　　　〈뒷면〉

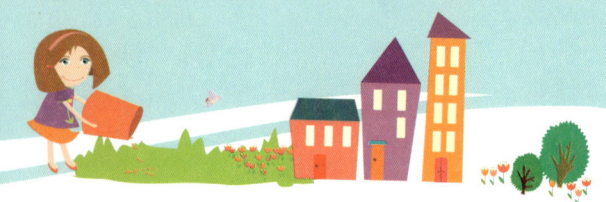

칼림바의 음역

칼림바는 보통 가운데 도(C) 음부터 시작합니다.

- 17키 칼림바는 가운데 도부터 위의 위의 미까지 연주할 수 있습니다.
- 가운데 음이 가장 낮고, 양쪽으로 갈수록 음이 높아집니다.

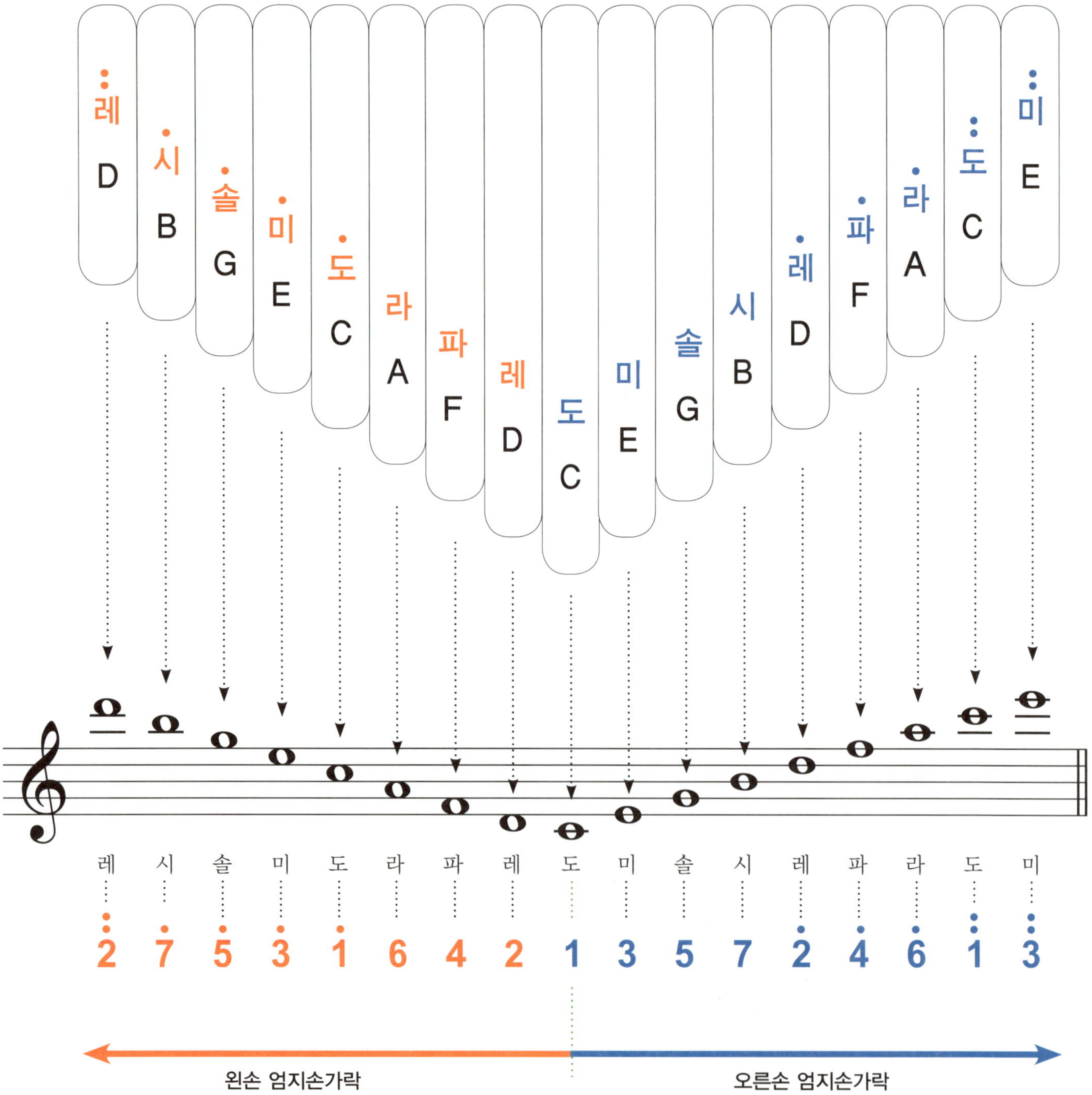

레 D
시 B
솔 G
미 E
도 C
라 A
파 F
레 D
도 C
미 E
솔 G
시 B
레 D
파 F
라 A
도 C
미 E
레 시 솔 미 도 라 파 레 도 미 솔 시 레 파 라 도 미
2 7 5 3 1 6 4 2 1 3 5 7 2 4 6 1 3
왼손 엄지손가락
오른손 엄지손가락

칼림바 연주 자세

연주 자세
* 칼림바를 두 손으로 가볍게 잡는다.
* 엄지손가락으로 건반을 연주한다.
* 손목과 어깨의 힘을 뺀다.

바른 연주 습관
* 손톱을 너무 길게 기르지 않는다.
* 소리가 잘 나도록 건반 끝을 튕긴다.

연주 자세

연주 방법

번갈아 연주하기
* 왼쪽 엄지와 오른쪽 엄지를 차례대로 사용한다.
* 리듬을 느끼며 연주할 수 있다.

두 음 함께 연주하기
* 두 개의 건반을 동시에 튕긴다.
* 풍성한 소리가 장점이다.

칼림바의 조율 및 관리 방법

조율
* 칼림바는 보통 다장조(C조)로 맞춰져 있어요.
* 음이 맞지 않으면 조율망치로 건반을 조금씩 움직여요.
* 위로 올리면→ 소리가 낮아져요
* 아래로 내리면→ 소리가 높아져요
* 조율 앱이나 튜너를 사용하면 더 쉬워요.

관리 방법
* 연주 후에는 부드러운 천으로 닦아요.
* 물에 닿지 않게 조심해요.
* 사용하지 않을 때는 케이스에 보관해요.
* 떨어뜨리면 음이 틀어질 수 있어요.

기초 음악이론

음표

음표는 음의 길이를 나타내고 쉼표는 쉬는 길이를 나타냅니다.

음 표	이 름	박 수	길 이
♩	4분음표	1박	🍎🍏🍏🍏
♪	2분음표	2박	🍎🍎🍏🍏
♩.	점2분음표	3박	🍎🍎🍎🍏
o	온음표	4박	🍎🍎🍎🍎

쉼 표	이 름	박 수	길 이
𝄽	4분쉼표	1박	🍎🍏🍏🍏
▬	2분쉼표	2박	🍎🍎🍏🍏
▬·	점2분쉼표	3박	🍎🍎🍎🍏
▬	온쉼표	4박	🍎🍎🍎🍎

8

오 선

음을 나타낼 수 있는 다섯 개의 줄을 '오선'이라고 합니다.

넷째칸 →
셋째칸 →
둘째칸 →
첫째칸 →

← 다섯째줄
← 넷째줄
← 셋째줄
← 둘째줄
← 첫째줄

높은음자리보표

오선에 높은음자리표 𝄞가 있는 것을 '높은음자리보표'라고 합니다.
높은음자리보표는 높은 음을 나타낼 때 사용합니다.

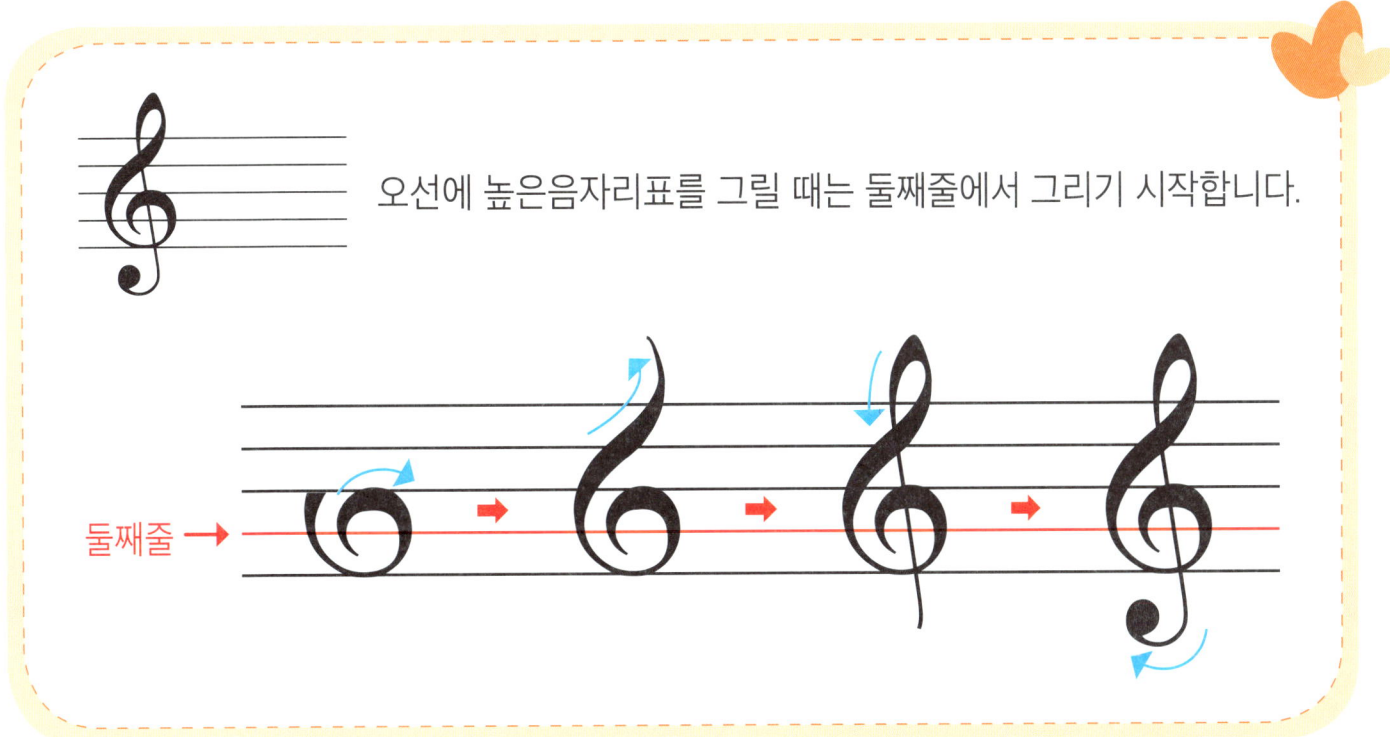

오선에 높은음자리표를 그릴 때는 둘째줄에서 그리기 시작합니다.

둘째줄 →

9

세로줄과 마디

오선에 세로로 그은 줄(|)을 세로줄이라고 합니다.
곡이 끝날 때는 굵은 끝세로줄을 사용합니다.

세로줄과 세로줄 사이를 마디라고 합니다.

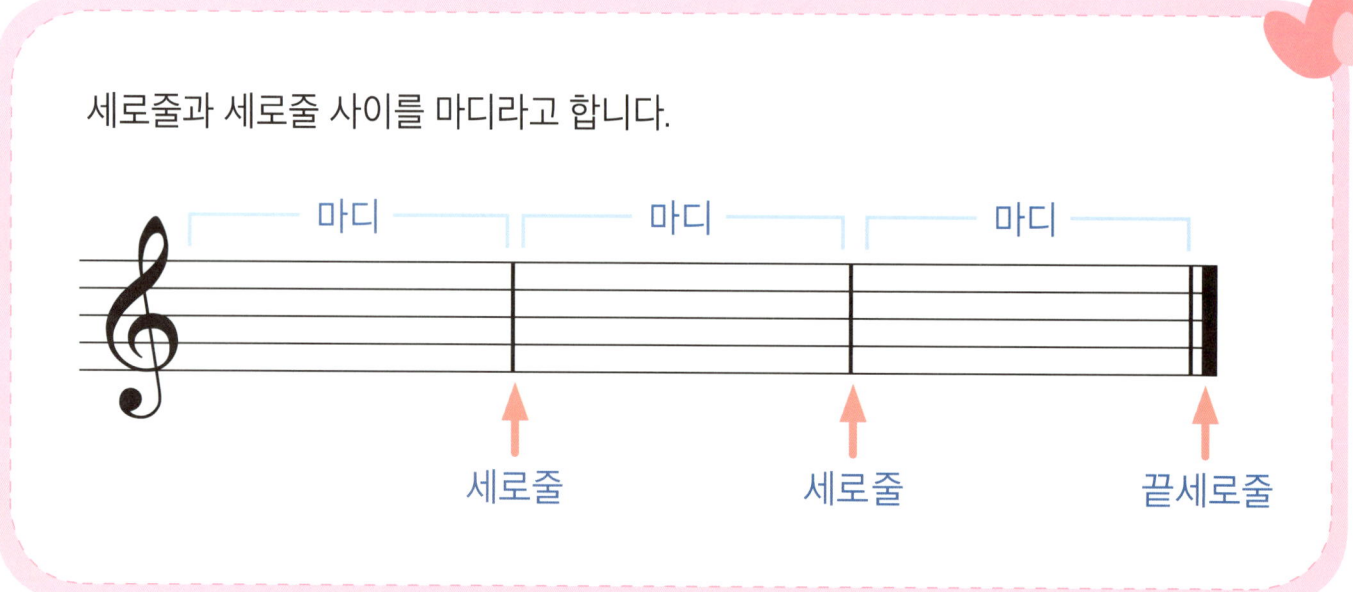

박자표

악보에서 한 마디를 몇 박으로 하는지 나타냅니다.

$\frac{6}{8}$ 박자

느린 $\frac{6}{8}$ 박자

$\frac{6}{8}$ → 한 마디 안에 6개
→ 8분음표(♪)를 1박으로

1 2 3 4 5 6

빠른 $\frac{6}{8}$ 박자

점4분음표(♩.)를
1박으로 하여 한마디를
2박으로 연주합니다.

♩. = ♪ + ♪ + ♪

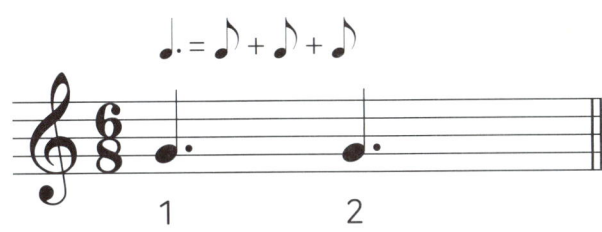

1   2

덧줄과 덧칸

위 덧줄

아래 덧줄

높은음자리보표에 나타낼 수 없는 음들은 위나 아래에
짧은 덧줄을 그어서 나타냅니다.

아래로 내려갈수록 낮은 소리의
음입니다.

아래 첫째칸 → ——— ← 아래 첫째줄
아래 둘째칸 → ——— ← 아래 둘째줄
아래 셋째칸 → ——— ← 아래 셋째줄

예비연습 1

칼림바는 오른손과 왼손의 엄지 손가락으로 연주합니다.
가운데 '도'~위의 '도' 음을 배우기 전에 아래의 연습을 충분히 하면 더욱 쉽게
배울 수 있습니다.

오른손 연습

| 1 | 1 | 1 | 1 | 3 | 3 | 3 | 3 | 5 | 5 | 5 | 5 | 7 | 7 | 7 | 7 |
| 도 | 도 | 도 | 도 | 미 | 미 | 미 | 미 | 솔 | 솔 | 솔 | 솔 | 시 | 시 | 시 | 시 |

왼손 연습

| 2 | 2 | 2 | 2 | 4 | 4 | 4 | 4 | 6 | 6 | 6 | 6 | 4 | 4 | 4 | 4 |
| 레 | 레 | 레 | 레 | 파 | 파 | 파 | 파 | 라 | 라 | 라 | 라 | 파 | 파 | 파 | 파 |

양손 연습

| 1 | 2 | 3 | 4 | 5 | 6 | 7 | i | i | 7 | 6 | 5 | 4 | 3 | 2 | 1 |
| 도 | 레 | 미 | 파 | 솔 | 라 | 시 | 도 | 도 | 시 | 라 | 솔 | 파 | 미 | 레 | 도 |

첫번째 이야기

가운데 '도'~위의 '도'
음 익히기

윤석중 작사 / 외국 곡

떴 다 떴 다 비 행 기   날 아 라   날 아 라

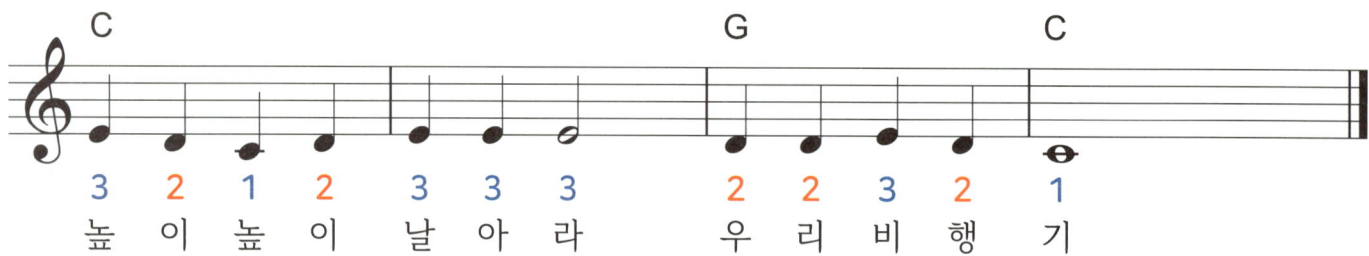

높 이 높 이 날 아 라   우 리 비 행 기

외국 곡

거 미 가 줄 을 타 고 올 라 갑 니 다

거 미 가 줄 을 타 고 내 려 옵 니 다

나비야

독일 민요

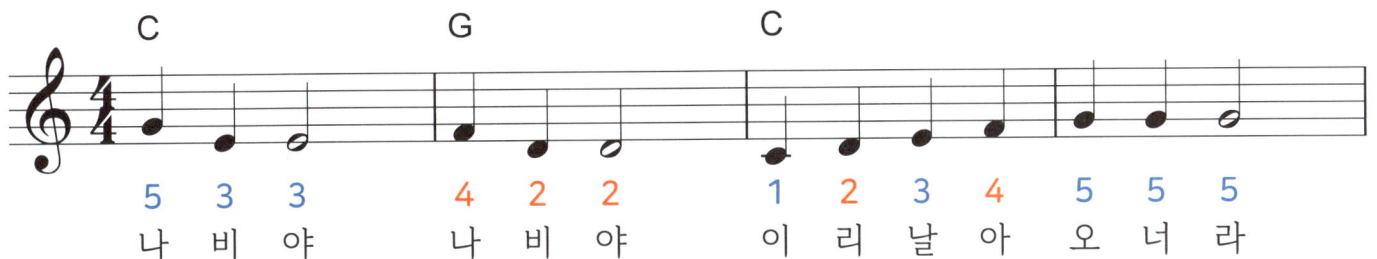

C | G | C

5 3 3 | 4 2 2 | 1 2 3 4 5 5 5

나 비 야 | 나 비 야 | 이 리 날 아 오 너 라

C | G | C

5 3 3 3 | 4 2 2 | 1 3 5 5 3 3 3

노 랑 나 비 흰 나 비 | 춤 을 추 며 오 너 라

G | C

2 2 2 2 | 2 3 4 | 3 3 3 3 3 4 5

봄 바 람 에 꽃 잎 도 | 방 긋 방 긋 웃 으 며

C | G | C

5 3 3 | 4 2 2 | 1 3 5 5 3 3 3

참 새 도 | 짹 짹 짹 | 노 래 하 며 춤 춘 다

통통통통

작자 미상

통 통 통 통 털보영감님 통 통 통 통 혹부리영 감 님

통 통 통 통 코주부영 감 님 통 통 통 통 안경영감 님

통 통 통 통 손을위 – 로 팔랑팔랑팔랑팔랑 손을무릎에

올라가는 눈

작자 미상

올라간 눈 내려온 눈 빙글빙글돌 – 려서 여 우 눈

올라간 코 내려온 코 빙글빙글돌 려서 돼 지 코

똑같아요

윤석중 작사 / 외국 곡

작은 별

외국 곡

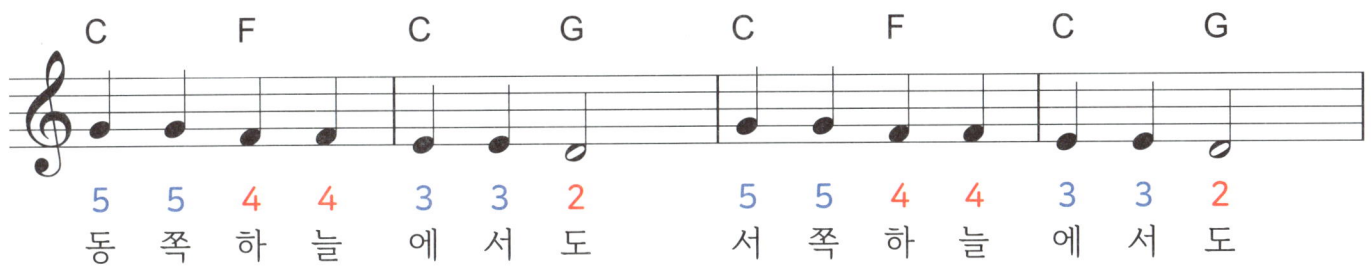

학교 종

김메리 작사, 작곡

C		F		C		
5	5	6	6	5	5	3

				G7
5	5	3	3	2

학 교 종 이 땡 땡 땡 어 서 모 이 자

C		F		C		
5	5	6	6	5	5	3

G7				C
5	3	2	3	1

선 생 님 이 우 리 를 기 다 리 신 다

주먹 쥐고

작사 미상 / 루소 작곡

C				G		C			G		C
3	3	2	1	1	2	2	3	2	1	5	5	4	3	3	2	1	2	3	1

주 먹 -쥐 고 손 을 펴 -서 손 뼉 -치 고 주 -먹 쥐 고

C					F		C					F		G
3	3	4	5	5	6	6	5	4	3	3	3	4	5	5	6	6	5

또 다 시 펴 서 손 뼉 치 -고 두 - -손 을 머 리 에

C				G		C			G		C
3	3	2	1	1	2	2	3	2	1	5	5	4	3	3	2	1	2	3	1

햇 님 이 반 짝 햇 님 이 반 -짝 햇 님 이 반 짝 반 -짝 반 짝

허수아비 아저씨

김규환 작사, 작곡

1 2 3 4 5 5 6 6 5 6 i 7 6 5 4 3 2 1

하루종일우 뚝 서 있 는 성 난 허수아비 아 저 씨

i i i i 5 i i i i 5 i 7 6 5 4 3 5 2

짹 짹 짹 짹 짹 아 이 무 서 워 새 들 이달 아 납 니 다

잠자리

백약란 작사 / 손대업 작곡

3 1 2 3 5 2 2 2 3 1 2 3 5 6 6 6

잠 자 리날 아 다 니 다 장 다 리꽃 에 앉 았 다

i 7 6 5 i 7 6 5

살 금 살 금 바 둑 이 가

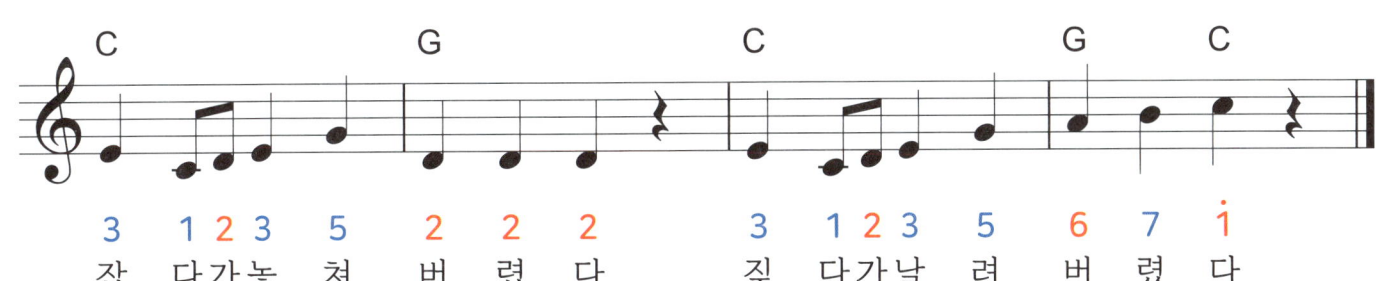

3 1 2 3 5 2 2 2 3 1 2 3 5 6 7 i

잡 다 가놓 쳐 버 렸 다 짖 다 가날 려 버 렸 다

구슬비

권오순 작사 / 안병원 작곡

3	5	5	4	3	5	5	4	3	5	4
송	알	송	알	싸	리	잎	에	은	구	슬

2	4	4	3	2	4	4	3	2	4	3
조	롱	조	롱	거	미	줄	에	옥	구	슬

1	1	3	5	1̇	6	5	5	6	5
대	롱	대	롱	풀	잎	마	다	총	총

3	5	5	4	3	5	5	4	3	2	1
방	긋	웃	는	꽃	잎	마	다	송	송	송

어머님 은혜

윤춘병 작사 / 박재훈 작곡

3 4 5 i̇ i̇ 7 6 5　6 5 5 4 3 2　－

높 고높 은 하늘이라 말 들하 - 지 만 －

3 4 5 i̇ i̇ 7 6 5　6 5 4 3 2 1　－

나 는나 는 높 - 은게 또 하 나 - 있 지 －

2 2 5 4 3 2 1 2　3 3 4 5 6 5　－

낳 으시 고 기르시는 어 머님 - 은 혜 －

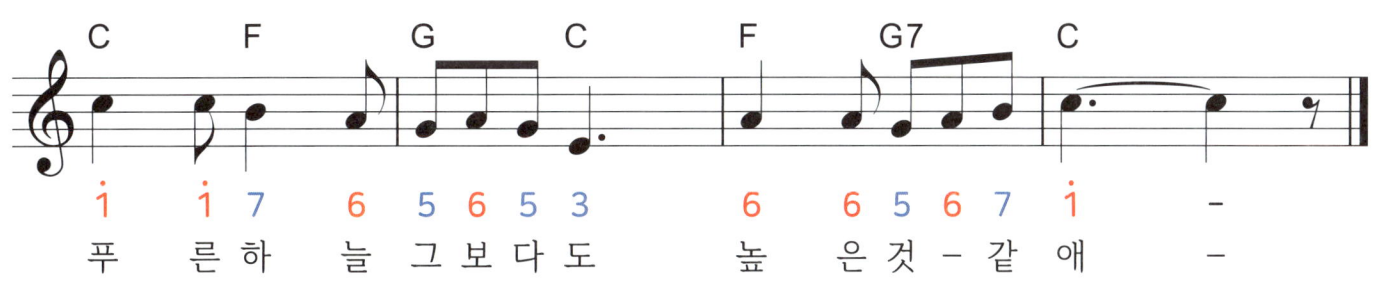

i̇ i̇ 7 6 5 6 5 3　6 6 5 6 7 i̇　－

푸 른하 늘 그보다도 높 은것 - 같 애 －

예비연습 2

위의 '도'~위의 위의 '도' 음을 배우기 전에 아래의 연습을 충분히 하면 더욱 쉽게
배울 수 있습니다.

오른손 연습

| 레 | 레 | 레 | 레 | 파 | 파 | 파 | 파 | 라 | 라 | 라 | 라 | 도 | 도 | 도 | 도 |

왼손 연습

| 도 | 도 | 도 | 도 | 미 | 미 | 미 | 미 | 솔 | 솔 | 솔 | 솔 | 시 | 시 | 시 | 시 |

양손 연습

| 도 | 레 | 미 | 파 | 솔 | 라 | 시 | 도 | 도 | 시 | 라 | 솔 | 파 | 미 | 레 | 도 |

두번째 이야기

위의 '도'~위의 위의 '도'
음 익히기

비행기

윤석중 작사 / 외국 곡

떴 다 떴 다 비 행 기　날 아 라　날 아 라

높 이 높 이 날 아 라　우 리 비 행 기

생일 축하 노래

미국 민요

생일축 하 합니 다　생일축 하 합니 다　사랑

하 는 ○ ○ 의 생일 축 하 합니 다

퍼프와 재키

박수진 작사 / 야로 작곡

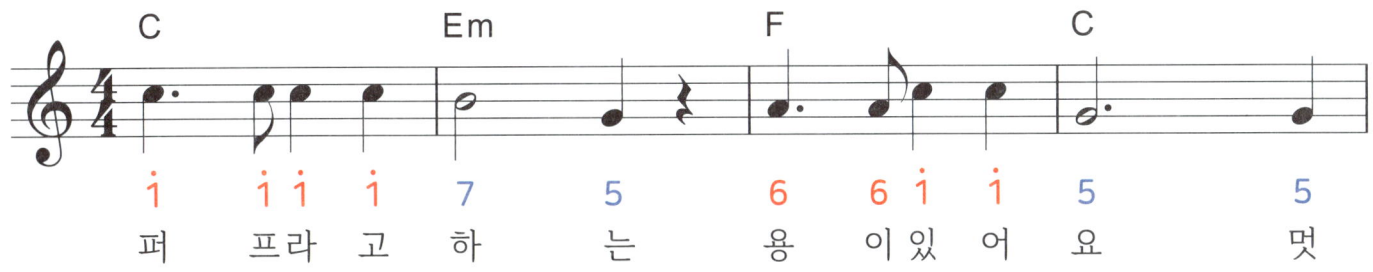

C · · · · · · · Em · · · F · · · · · · C · · · ·

i i i i 7 5 6 6 i i 5 5

퍼 프 라 고 하 는 용 이 있 어 요 멋

F · · · · C · · · · F · · · · G7 · · ·

4 4 5 4 3 5 i i i 6 7 i 2

지 게 요 술 부 리 며 혼 자 서 놀 았 죠

C · · · · · · · Em · · · F · · · · · · C · · · ·

i i i i 7 5 6 6 i i 5 5

섬 집 소 년 재 키 친 구 되 어 서 날

F · · · · C · · · · F · · · G7 · · · C · · ·

4 4 5 4 3 5 i i 6 i 7 2 i

마 다 우 정 나 누 며 둘 이 서 놀 았 죠

25

조개껍질 묶어

윤형주 작사, 작곡

C — **F** — **G7** — **C**

5 3 5 5 5 4 –　　2 5 5 6 5 4 3 –
조 개 껍질묶어　그 녀의목에걸고

C — **F** — **G7** — **C**

5 5 5 5 1 7 6 –　　5 5 4 3 2 1 –
불 가에마주앉아 –　밤 새 속삭이네 –

C — **F** — **G7** — **C**

5 3 3 5 5 5 4 –　　2 5 5 6 5 4 3 –
저 멀리달그림자 –　시 원한파도소리 –
랄 라라라라라라 –　랄 라라라라라라 –

C — **F** — **G7** — **C**

5 5 5 5 1 7 6 6 6 6 1　　7 5 7 1 2 1 –
여 름 밤은 깊어 만 가고　잠 은 오질않네 –
랄 라 라라 라라 라 라라　랄 라 라라라라 –

26

섬집 아기

한인현 작사 / 이흥렬 작곡

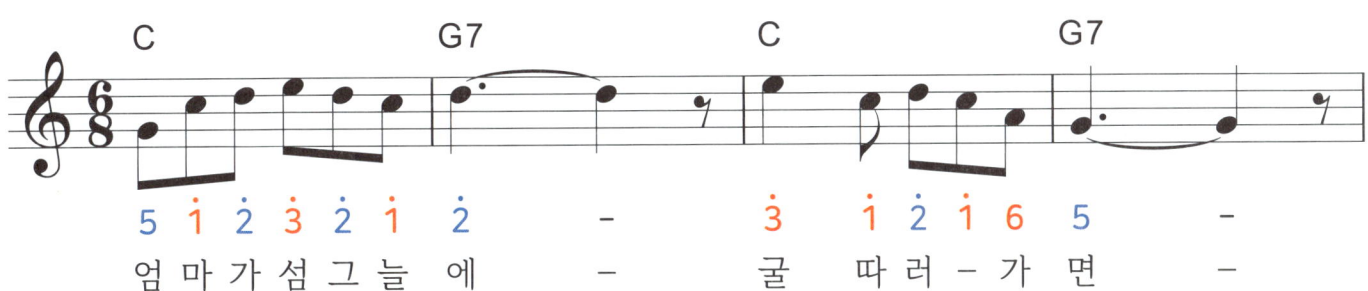

5 1̇ 2̇ 3̇ 2̇ 1̇ 2̇ – 3̇ 1̇ 2̇ 1̇ 6 5 –
엄 마 가 섬 그 늘 에 – 굴 따 러 – 가 면 –

5 1̇ 2̇ 3̇ 2̇ 1̇ 2̇ – 3̇ 1̇ 2̇ 6 7 1̇ –
아 기 가 혼 자 남 아 – 집 을 보 – 다 가 –

2̇ 2̇ 2̇ 1̇ 2̇ 3̇ 1̇ – 6̇ 6̇ 5̇ 3̇ 2̇ –
바 다 가 불 러 주 는 – 자 장 노 래 에 –

5 3̇ 2̇ 1̇ 2̇ 3̇ 6 – 5 1̇ 7 1̇ 2̇ 1̇ –
팔 베 고 스 르 르 르 – 잠 이 듭 – 니 다 –

27

작은 별

외국 곡

C				F		C	F		C		G		C
i̇	i̇	5̇	5̇	6̇	6̇	5̇	4̇	4̇	3̇	3̇	2̇	2̇	i̇
반	짝	반	짝	작	은	별	아	름	답	게	비	치	네

C		F		C		G	C		F		C		G
5̇	5̇	4̇	4̇	3̇	3̇	2̇	5̇	5̇	4̇	4̇	3̇	3̇	2̇
동	쪽	하	늘	에	서	도	서	쪽	하	늘	에	서	도

C				F		C	F		C		G		C
i̇	i̇	5̇	5̇	6̇	6̇	5̇	4̇	4̇	3̇	3̇	2̇	2̇	i̇
반	짝	반	짝	작	은	별	아	름	답	게	비	치	네

독도는 우리 땅

박문영 작사, 작곡

Am						Dm			E7		
3̇ 3̇ 3̇	3̇ 3̇ 3̇	3̇ 3̇ 3̇ 3̇ i̇ 7̇ 6̇				6̇ 6̇ 6̇	6̇ 6̇ 6̇	6̇ 6̇ 5̇ 4̇ 3̇			
울릉도	동남쪽	뱃길따라이백리				외로운	섬하나	새들의고향			

Am				E7		Am	
3̇ 3̇ 3̇	3̇ 3̇ 3̇	3̇ 3̇ 3̇ 3̇ i̇ 7̇ 6̇		7̇ 7̇ i̇ 3̇	i̇ 7̇ 6̇	6̇ 6̇ 6̇	
그누가	아무리	자기네땅이라고우겨도		독 도는우 리 – 땅		우리땅	

28

스승의 은혜

강소천 작사 / 권길상 작곡

C　　　　　　F　　　　　　C　　　　　　G7

5 3 3 4 3 2 1 6 5 1 7 1 2
스 승 의 은 - 혜 - 는 하 늘 같 아 서

C　　　　　　F　　　　　　G7　　　　　　C

5 3 3 4 3 2 1 6 7 1 2 3 1
우 러 러 볼 - 수 - 록 높 아 만 지 네

F　　　　　　C　　　　　　F　　　　　　G7

1 7 6 6 6 1 4 6 5 4 6 6 7 1 2
참 되 거 라 바 르 거 - 라 가 르 쳐 주 - 신

C　　　　　　　　　　　　G7　　　　　　C

5 5 3 2 3 4 3 2 1 6 5 7 2 1
스 승 은 마 - - 음 - 의 어 버 이 시 다

C　　　　　　　　　　　　　　　　　　G7

3 4 5 3 4 5 1 2 5 4 3 2
아 - 아 고마워라 스 승 의 사 랑

C　　　　　　Am　　　　　　G7　　　　　　C

3 5 3 3 3 6 5 4 3 2 5 2 3 1
아 아 보답하리 스 - - 승 의은 - 혜

29

어린이날 노래

윤석중 작사 / 윤극영 작곡

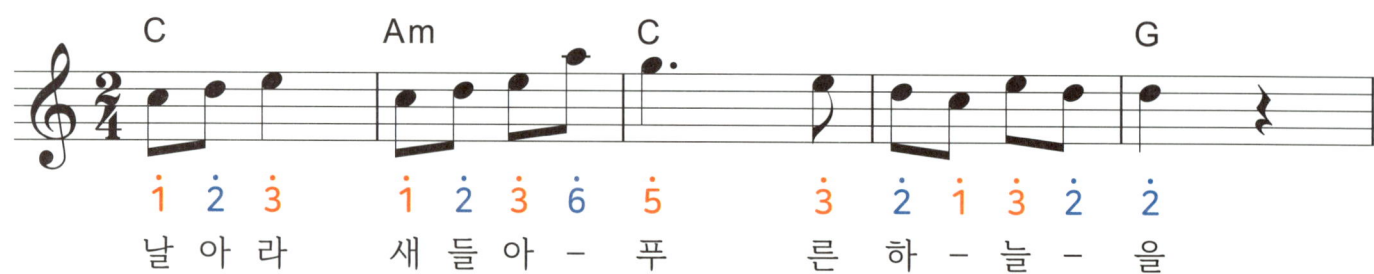

1 2 3   1 2 3 6 5   3 2 1 3 2 2
날 아 라   새 들 아 - 푸   른 하 - 늘 - 을

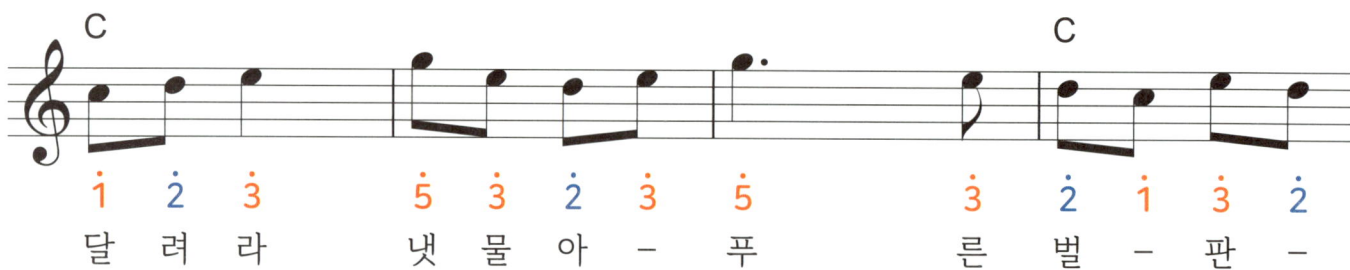

1 2 3   5 3 2 3 5   3 2 1 3 2
달 려 라   냇 물 아 - 푸   른 벌 - 판 -

1   6   6 6 4 5   6 5   3
을   오   월 은 푸 르   구 나   -

3 6 5 4   3 1   3   5   5 6 5
우 리 들 은   자 란   - 다   오 늘 은

1 2 3 6   5   3 2 1 3 2 1
어 린 이 날 우   리 들 - 세 - 상

고요한 밤 거룩한 밤

모어 작사 / 그루버 작곡

C
5 6 5 3
고 요한 밤

5 6 5 3
거 룩한 밤

G7
2 2 7
어 둠에

C
1 1 5
묻 힌 밤

F
6 6 1 7 6
주 의부 -모

C
5 6 5 3
앉 -아 서

F
6 6 1 7 6
감 사기 -도

C
5 6 5 3
드 -릴 때

G7
2 2 4 2 7
아 기잘 도잔

C
1 3
다 -

1 5 3 5 4 2
아 -기잘 도잔

G7   C
1
다 -

31

파란마음 하얀마음

어효선 작사 / 한용희 작곡

우 리 들마 음 에 빛이있 다 면

여 름 엔여 름 엔 파랄거 예 요

산 도 들도 나 무 도 파란잎 으 로

파 랗 게 파 랗 게 덮인속 에 서

파 아 란 하늘보 며 자라니 까 요

바람이 불어오는 곳

김광석 작사, 작곡

C	Em7	Am	F	G7	C

3 5 5 6 5 4 - 3 1   6 1   2   1 2   3
바람 이불어오- 는 곳   그곳 으 로가 네

C	Em7	Am	F	G7	C

3 5 5 6 5 4 - 3 1   6 1   2   1 7   1
그대 의머릿결- 같 은   나무 아 래- 로

F	Em7	C	Am	F	G7	C

6 1 1 1 2 1 2 3 5 6   6 6 6 5 4 3 - 2 3
덜컹이는기 차에기 대 어   너에 게편지를- 쓴 다

C	Em7	Am	F	G7	C

3 5 6 5 4 - 3 1   6 1   1 2   1 7   1
꿈에 보았던- 그 길   그길 에서 있- 네

33

아기공룡 둘리

김혜진 작사 / 김동성 작곡

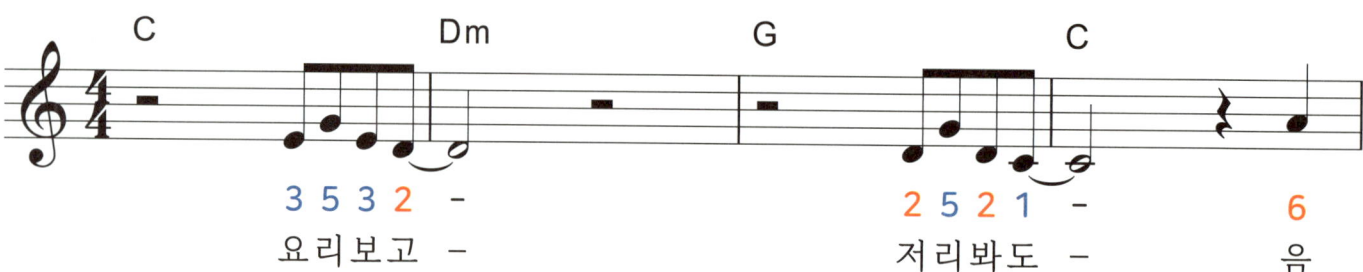

3	5	3	2	–		2	5	2	1	–		6
요	리	보	고	–		저	리	봐	도	–		음

5		3	5	3	2	–		6	5		3	5
음		알	수	없	는	–		둘	리		둘	리

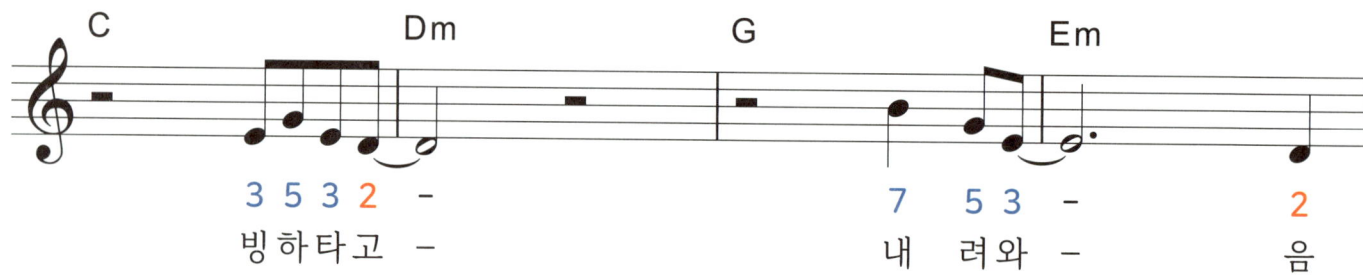

3	5	3	2	–		7	5	3	–		2
빙	하	타	고	–		내	려	와	–		음

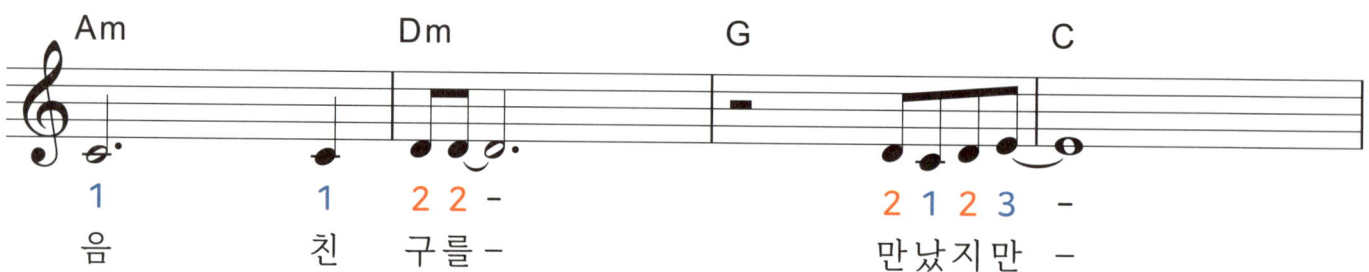

1		1	2	2	–		2	1	2	3	–
음		친	구	를	–		만	났	지	만	–

C7   F   Fm   Em

3 5 6 6 –   6 7 1̇   7 7 5

일 억 년 전 –   옛 날 이   너 무 나

Am   Dm   G   E

3 5 6 –   6 7 1̇   7 7 6 5 –   7 7 2̇   2̇

그 리 워 –   보 고 픈 엄 마 찾 아 –   우 리 함 께

Am   G   C

1̇ 7 1̇ –   1̇   7   1̇   2̇ (5 6 7 1̇ 2̇ 3̇ 4̇)   3̇ 3̇ 3̇

떠 나 자 – 아 아   아 아   외 로 운

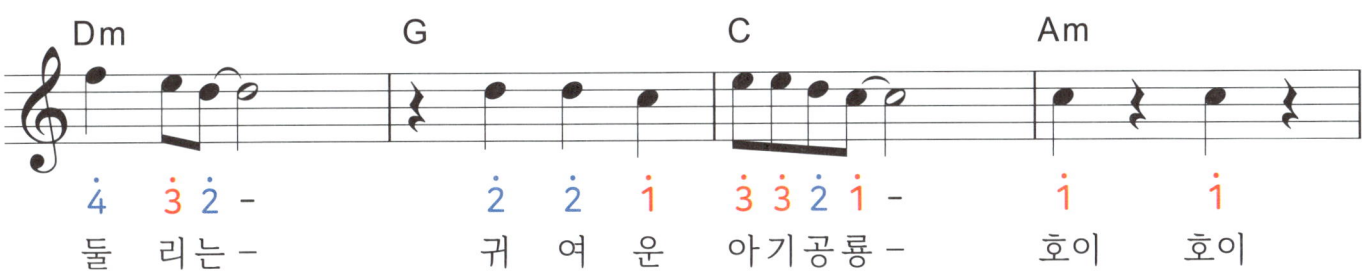

Dm   G   C   Am

4̇ 3̇ 2̇ –   2̇ 2̇ 1̇   3̇ 3̇ 2̇ 1̇ –   1̇   1̇

둘 리 는 –   귀 여 운   아 기 공 룡 –   호 이   호 이

G   G7   C

7   1̇ 2̇ –   5 5 5 3̇   3̇ 1̇ –

둘 리 는 –   초 능 력 내   친 구 –

제주도 푸른 밤

최성원 작사, 작곡

떠나요 – 둘이서 – 모든 것 훌훌버리 고 제주도

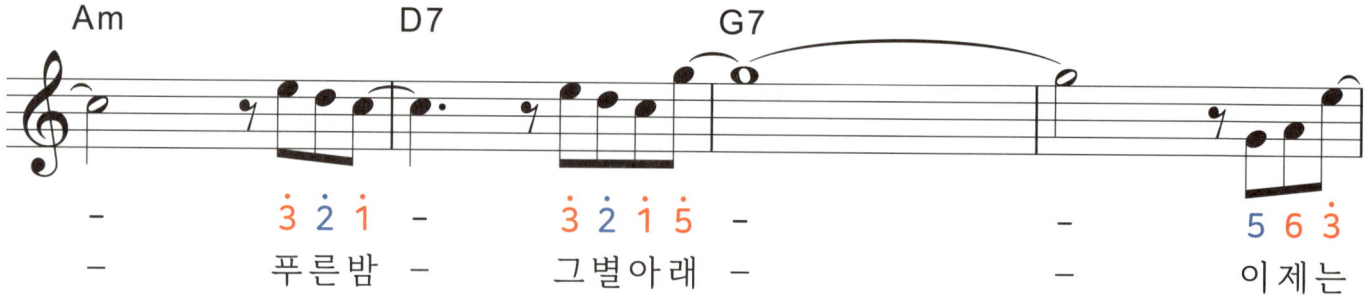

– 푸른밤 – 그별아래 – – 이제는

– 더이상 – 얽매 이 긴우린싫어 요 신문에

– 티비에 – 월급봉투 – 에 – –

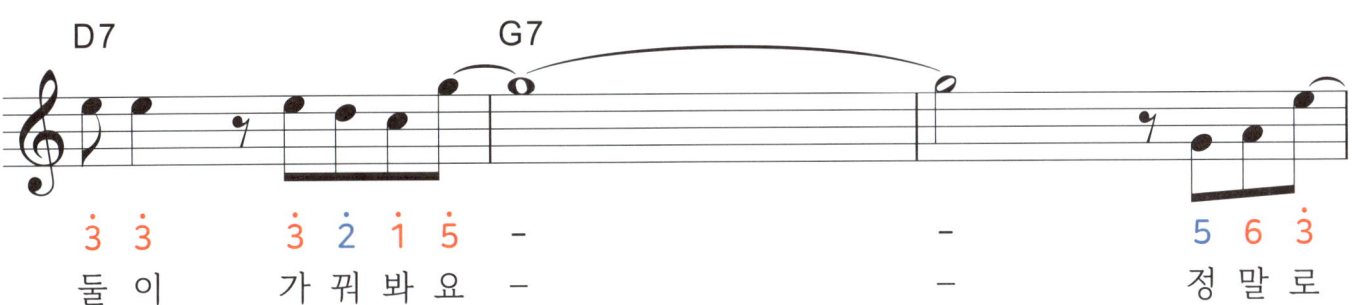

37

언제나 몇 번이라도

와카코 작사 / 유미 작곡

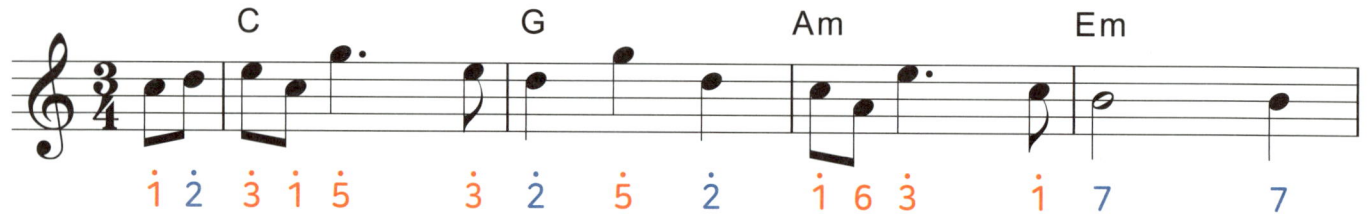

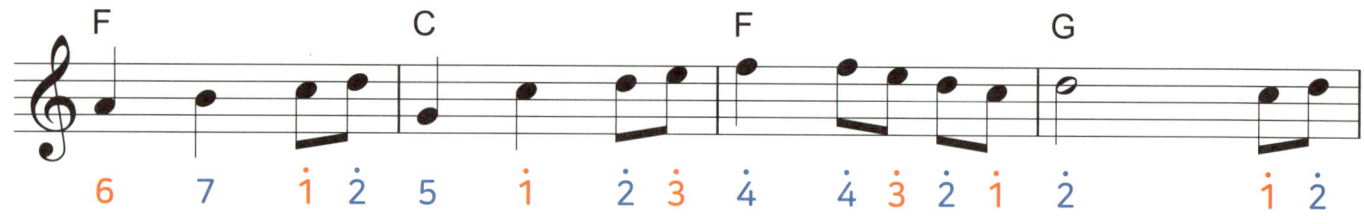

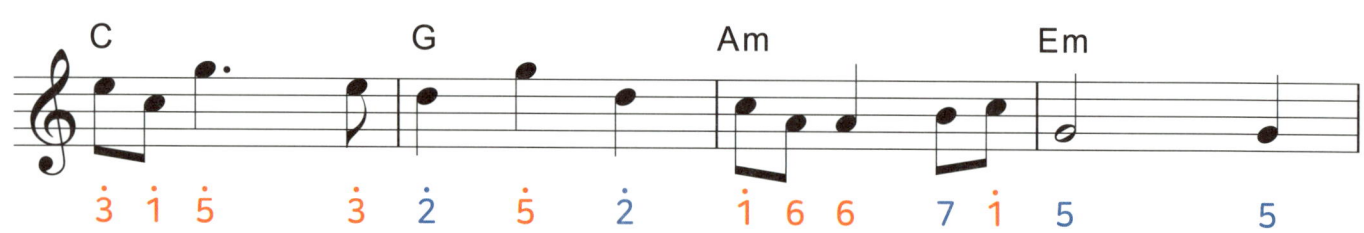

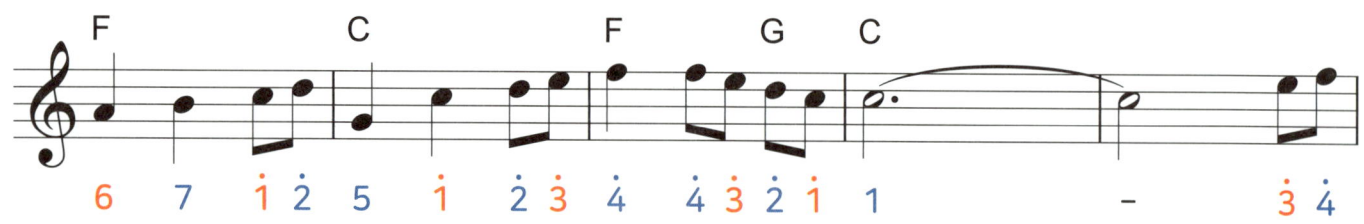

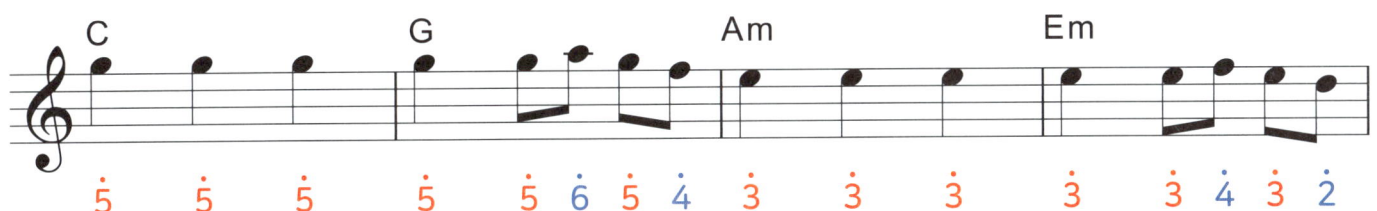

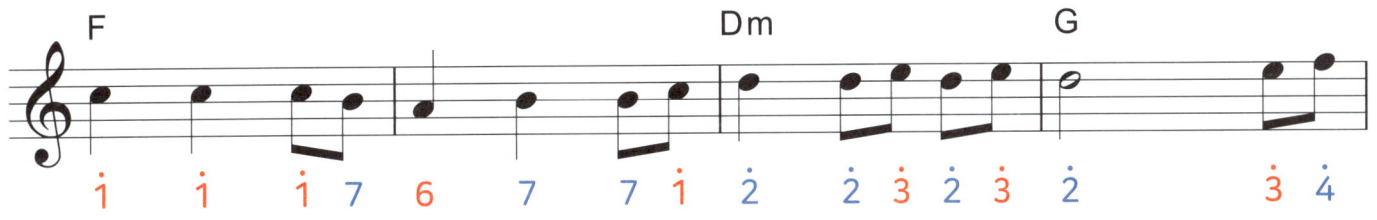

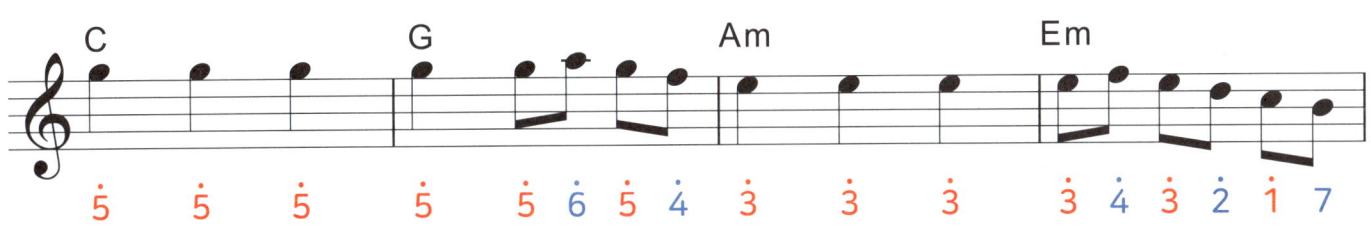

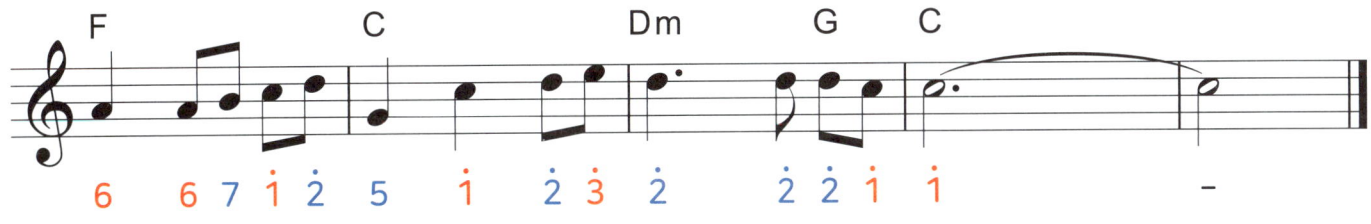

가을 우체국 앞에서

김현성 작사, 작곡

C		G7		Am				Em			F		C		Dm		G7	
3̣		2̣		2̣	1̇2̇1̇	7 7				6	7̇1̇5̣		5̣	5̣	6̣	1̇	7	

가 을 우 체국앞에서 그 대-를 기 다 리 다

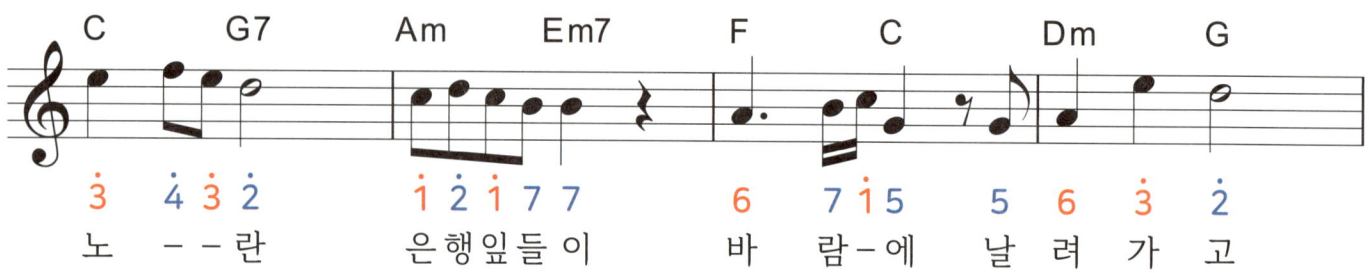

C		G7		Am		Em7		F		C		Dm		G	
3̣	4̣ 3̣ 2̣			1̇ 2̇ 1̇ 7 7			6	7̇ 1̇ 5̣		5̣	5̣	6̣	3̇	2̇

노 - - 란 은 행잎들이 바 람-에 날 려 가 고

C		G7		Am		Em		F		C		Dm		G7	
3̣	4̣ 5̣ 2̣			1̇ 2̇ 1̇ 2̇ 3̇	7		1̇		4̇	3̇	1̇ 1̇ 1̇ 5̣ 5̣			

지 나-는 사 람들같이 - 저 멀 리 가는걸보네

§
C		G7		Am		Em7		F		C		F		G7	
3̣	4̣ 5̣ 5̣			5̣ 5̣ 6̣ 7̣ 1̇ 7 - 5̣			6̣	5̣ - 1̇ 1̇ 1̇			6̣	7̣ 6̣ 5̣		

세 상-에 아름 다운것들 - 이 얼 마-나오래 남 을-까

C		G7		Am		Em		F		C		F		G7	
3̣	4̣ 5̣ 5̣			6̣ 7̣ 1̇ 7 6̣ 5̣ - 3̣			6̣	5̣ - 1̇ 1̇ 1̇			6̣	7̣ 6̣ 5̣		4̣

한 여-름 소나 기쏟아져 - 도 굳 세-게버틴 꽃 들-과 -

40

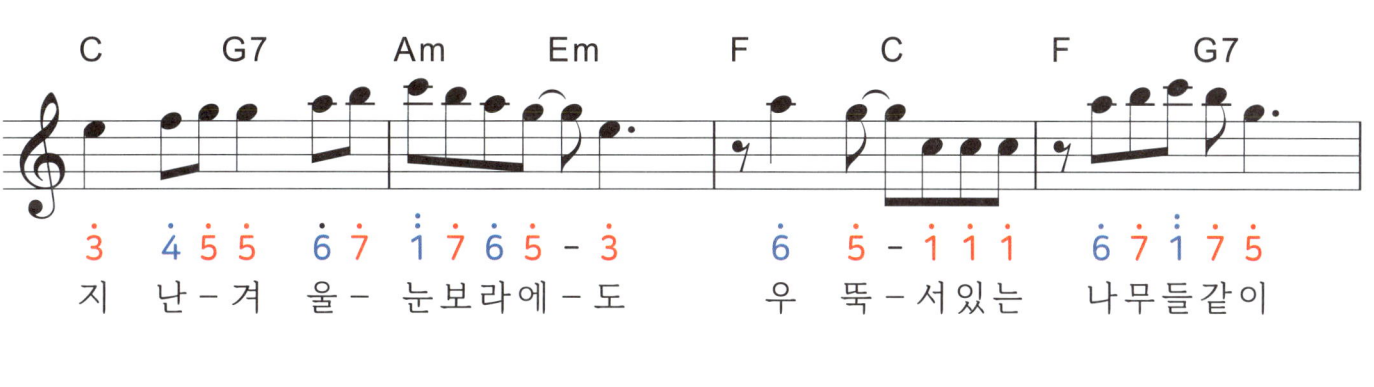

C   G7   Am   Em   F   C   F   G7

3 4 5 5 6 7 1 7 6 5 - 3   6 5 - 1 1 1   6 7 1 7 5

지 난 - 겨 울 - 눈보라에 - 도   우 뚝 - 서있는 나무들같이

C   G7   Am   Em   F   C   F   G7

3 4 5 5 6 7 1 7 6 5 - 3   6 5 4 3 2 1   6 5 5   -

하 늘 - 아 래 - 모 - 든것 - 이   저 홀로 - 일수 있 을까   -

C   G7   Am   Em   F   C   Dm   G7

3   2   2 1 2 1 7 7   6   7 1 5   5 6 3 2

가   을   우 체국앞에서   그   대 - 를 기 다 리 다

C   G7   Am   Em7   F   C   G7   C

3 4 5 2   1 2 1 2 3   7   1   1 5   1 3   4 2 1

우 연 - 한   생각에빠져 -   날 저물 도록 몰 랐네

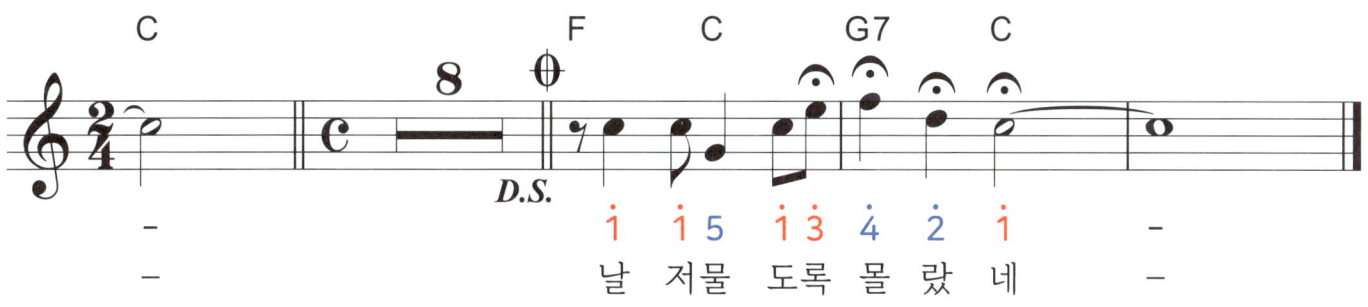

C   F   C   G7   C

-           8   1   1 5   1 3 4 2 1   -

D.S.

-           날 저물 도록 몰 랐 네   -

41

신호등

이무진 작사, 작곡

이 제 야 목 적 지를정했－지 만－ 가 려 한 날 막

아 서네－난 갈 길 이먼 데 새빨간 얼굴 로화를－냈 던－

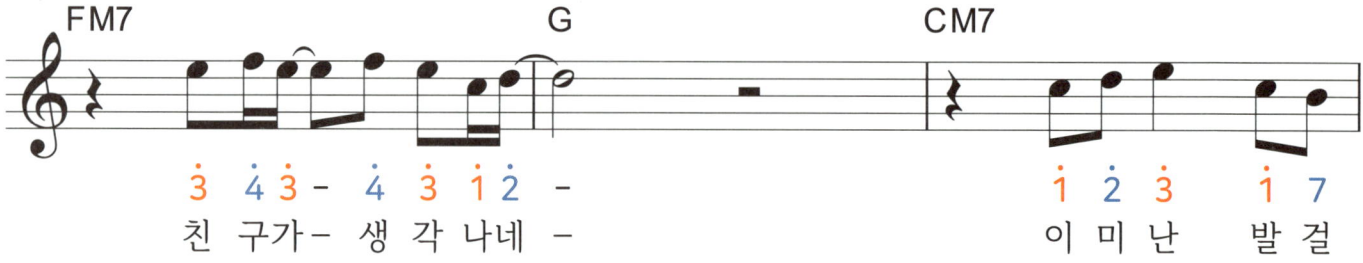

친 구가－ 생 각 나네 － 이 미 난 발 걸

음 을뗐－지 만－ 가 려 한 날재 촉 하네－걷 기 도 힘 든데

새 파 랗 게 겁에 질 려 도망 간－ 친 구가－뇌에맴 도네

예비연습 3

칼림바 악기에서 제일 높은 음들을 배우는 단계입니다.
위의 위의 '도'~위의 위의 '미' 음을 배우기 전에 아래의 연습을 충분히 하면 더욱 쉽게
배울 수 있습니다.

오른손 연습

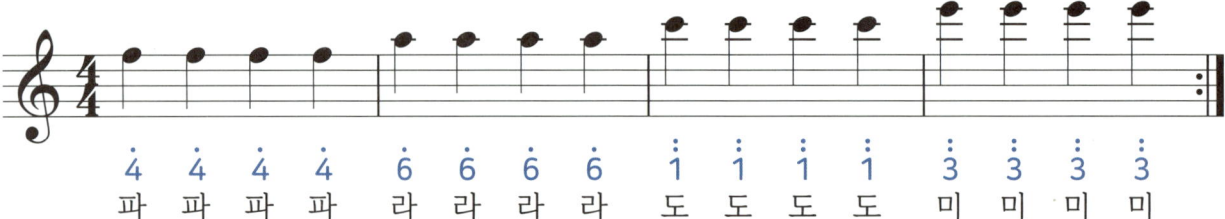

4 4 4 4 6 6 6 6 1 1 1 1 3 3 3 3
파 파 파 파 라 라 라 라 도 도 도 도 미 미 미 미

왼손 연습

5 5 5 5 7 7 7 7 2 2 2 2 7 7 7 7
솔 솔 솔 솔 시 시 시 시 레 레 레 레 시 시 시 시

양손 연습

3 4 5 6 7 1 2 3 3 2 1 7 6 5 4 3
미 파 솔 라 시 도 레 미 미 레 도 시 라 솔 파 미

위의 위의 '도' ~ 위의 위의 '미' 음 익히기

학교가는 길

김광민 작곡

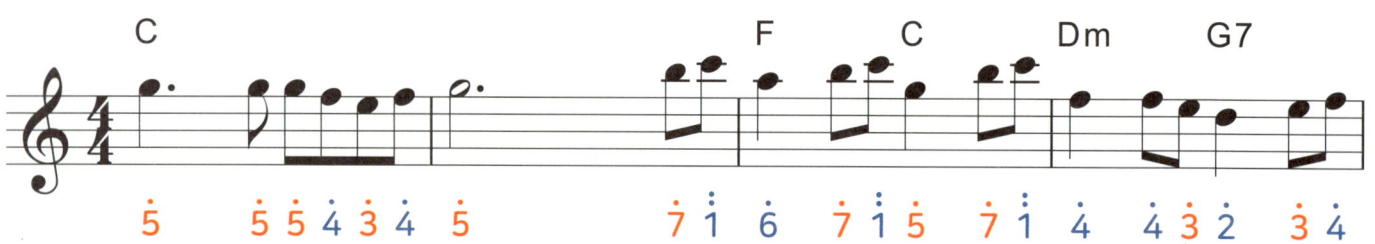

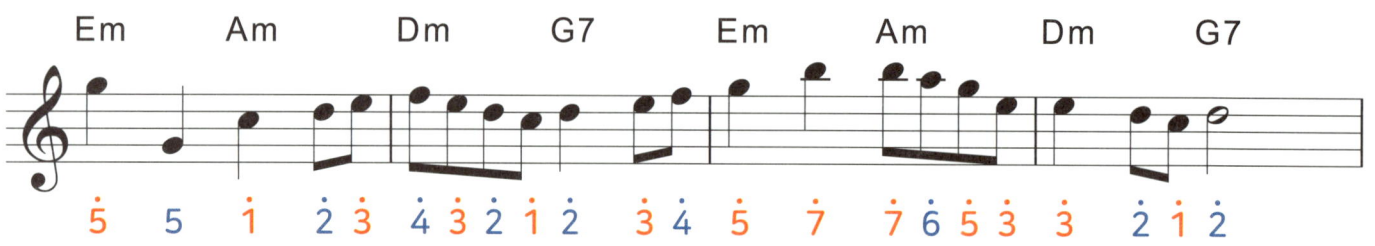

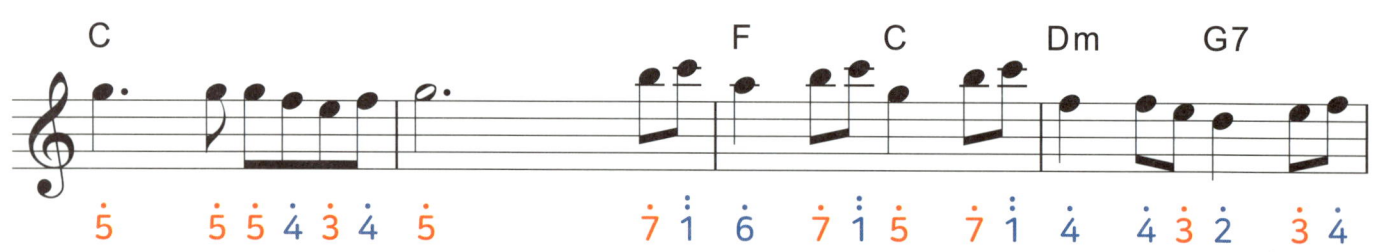

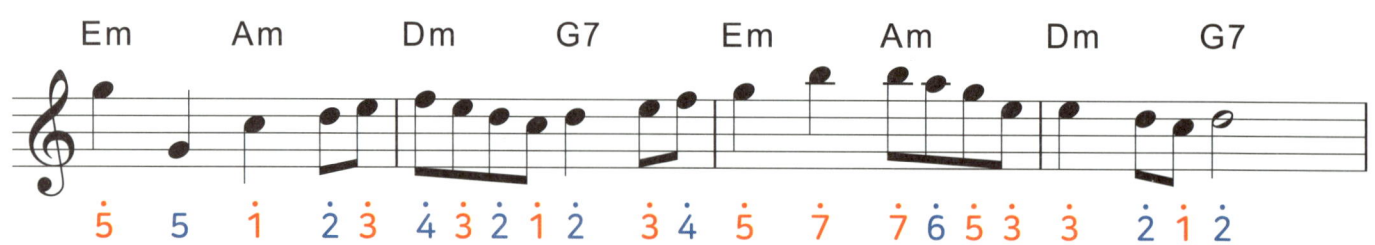

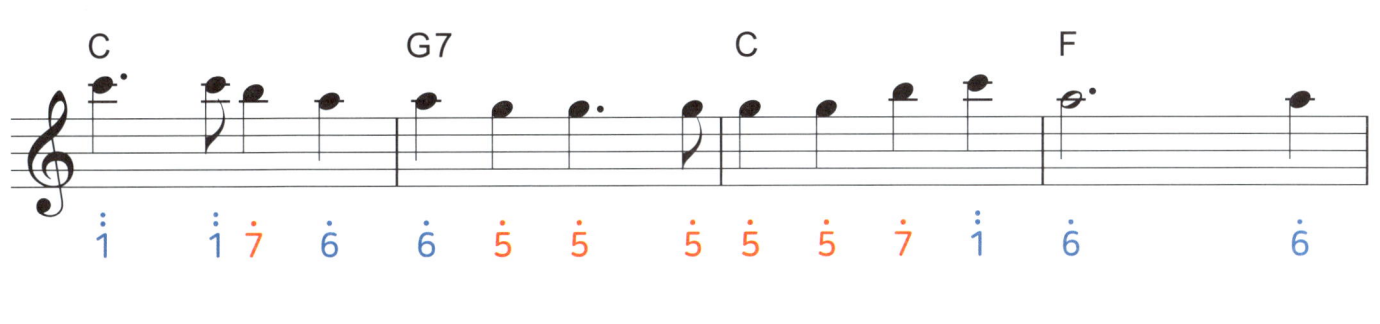

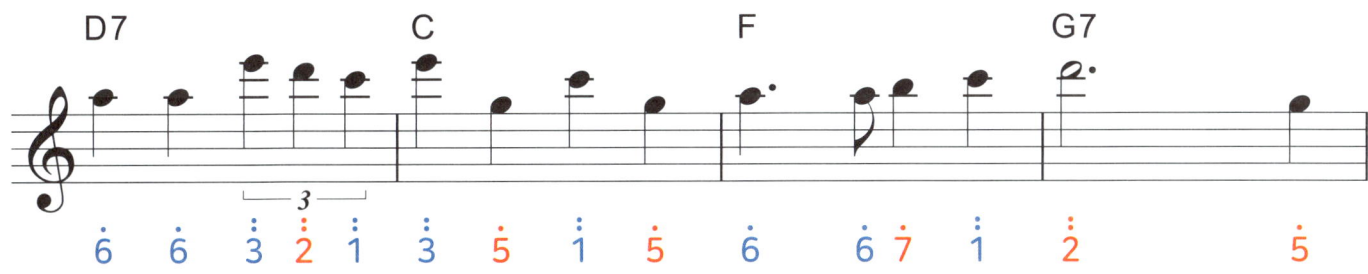

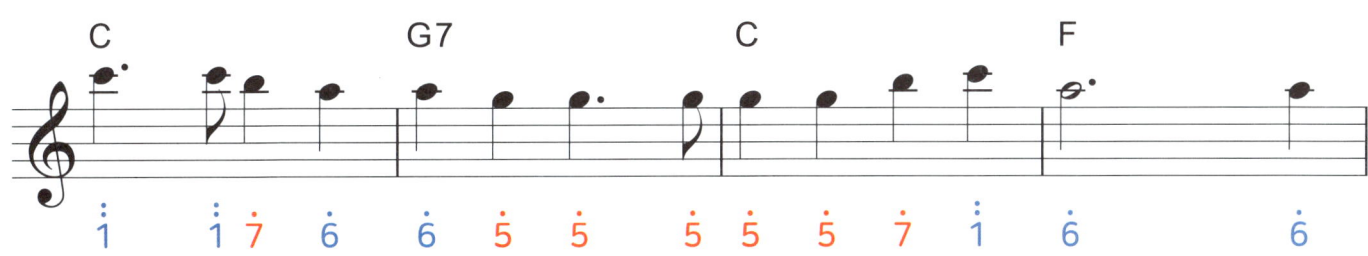

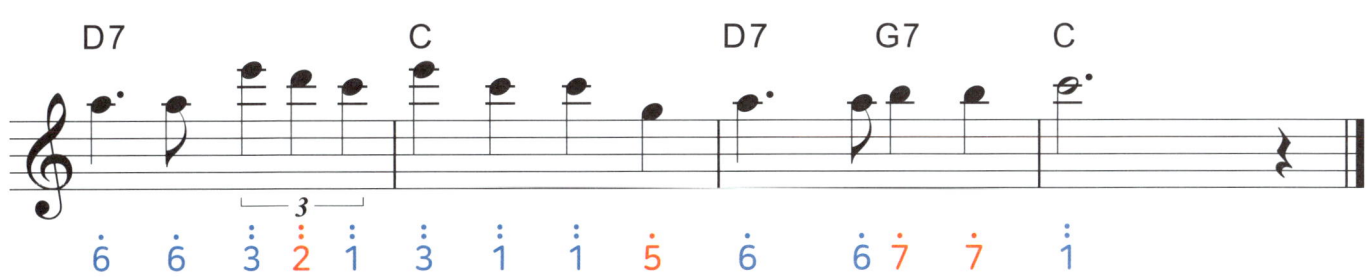

혜화동

김창기 작사, 작곡

| 1̇ 2̇ 1̇ | 3̇ 3̇ | 3̇ - 4̇ 5̇ | | 5̇ 5̇ 5̇ 6̇ 7̇ 1̈ - | 7̈ 6̇ - | 5̇ 3̇ |

오늘은　잊고　지 - 내던　　친구에게서전 -　화가 -　왔네
함께　뛰 - 놀던　　골목길에서만 -　나자 -　하네

| - | 3̇ 5̇ 3̇ 2̇ 1̇ - | 2̇ 3̇ 4̇ - | 5̇ 6̇ - | 5̇ 2̇ |

-　내일이 - 면 -　멀리떠 -　나간 -　다고
-　내일이 - 면 -　아주멀

Gsus4　**G7**　**2.Dm**

| - | | 1̇ 2̇ 1̇ - | 5̇ 6̇ - | 5̇ 5̇ |

-　어릴적 -　리간 -　다고

Gsus4　**G7**　**C**

| - | | 3̇ 4̇ 5̇ | 2̇ - | 1̇ |

-　덜 컹 거　리 - 는

E7   F   C

7 7 7 - 1 7   6 5 6 1   6 - 5   3 2 1

전 철 을 - 타 고   찾 아 가 는   그 - 길   우 린 얼

Am   F   C

- 1   3 - 3 1 2 - 1   1 - 2   3 5   5 - 3   5

- 마   나 - 많 은 것 - 을   잊 - 고   살 아   가 - 는   지

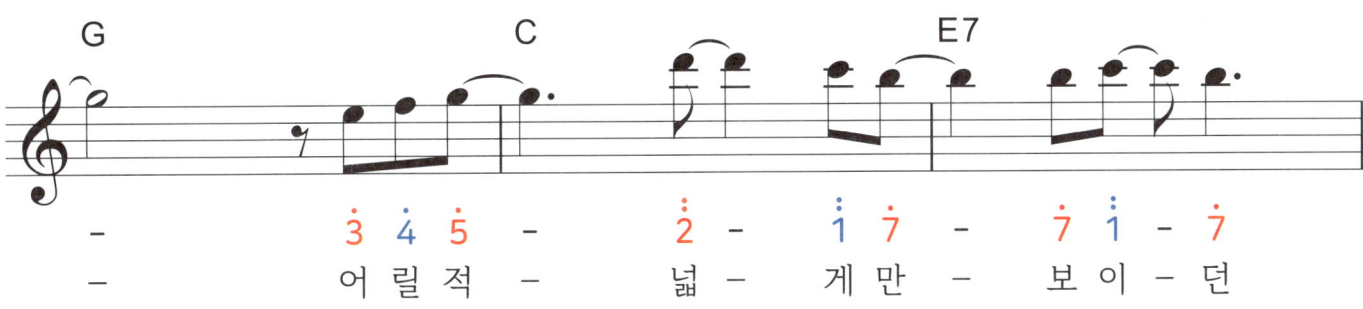

G   C   E7

-    3 4 5 -   2 - 1 7 -   7 1 - 7

-    어 릴 적 -   넓 - 게 만 -   보 이 - 던

F   C   Am

6 5 6 1   6 - 5   3 2 1 -   1 3 - 1

좁 은 골 목   길 - 에   다 정 한 -   옛 친 - 구

F   C   G7

2 1   1 - 2   3 5   5 - 3   5 -

나 를 반 - 겨   달 려   오 - 는   데 -

아로하

슬기로운 의사생활 OST

김태훈 작사 / 위종수 작곡

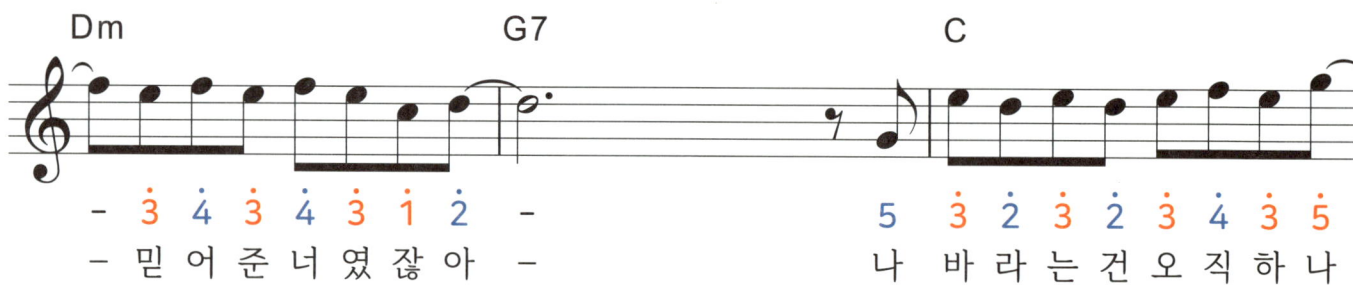

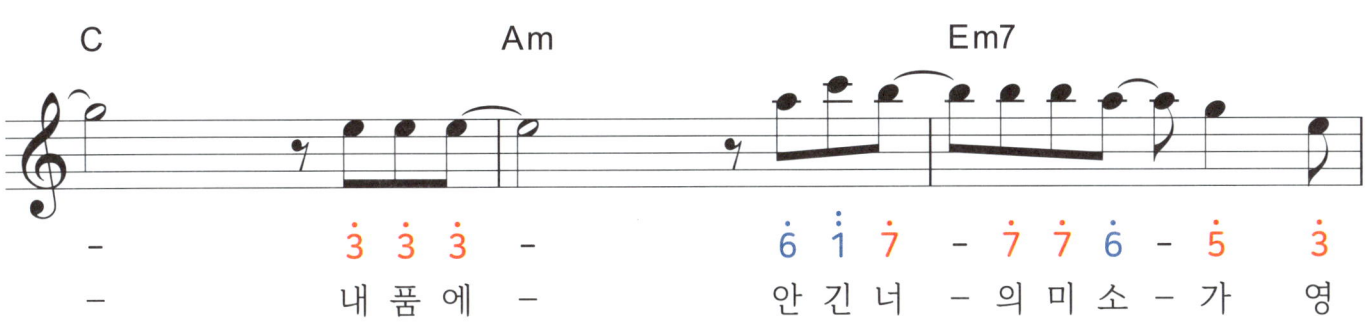

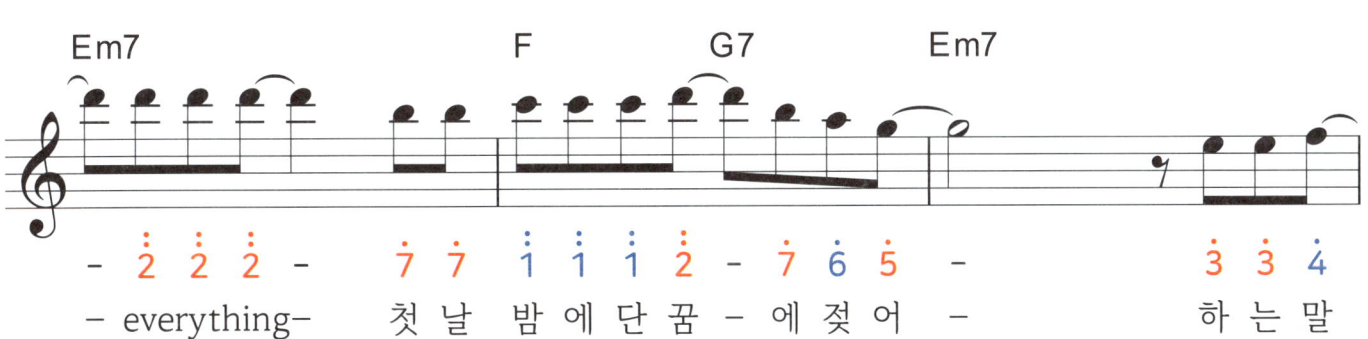

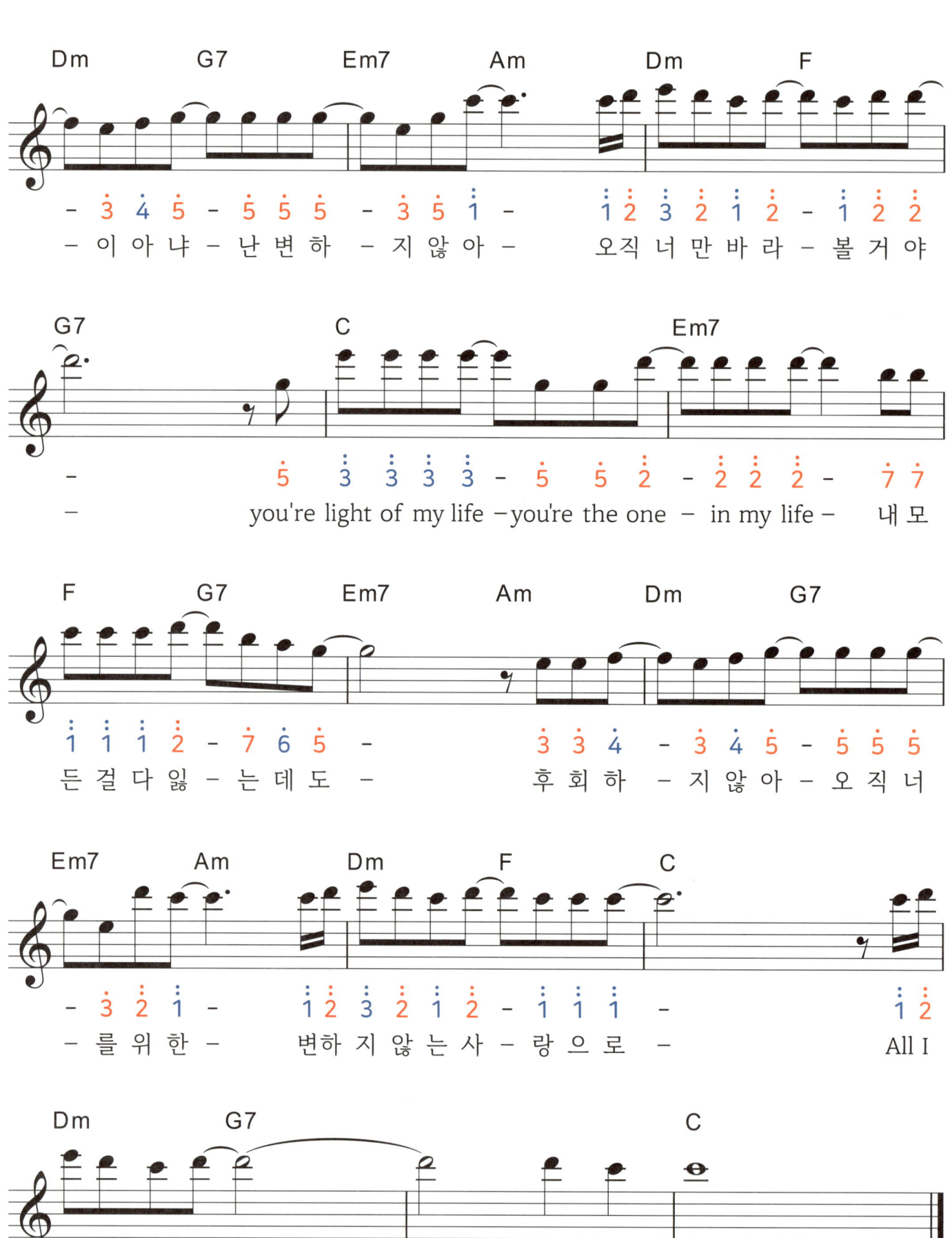

부록

연주곡 모음

- 가을 길(2중주)
- 젓가락 행진곡(2중주)
- Heart And Soul(2중주)
- 캐롤 메들리(2중주)
- 밤하늘의 별을(독주)
- 나는 반딧불(독주)

가을 길

김규환 작사, 작곡

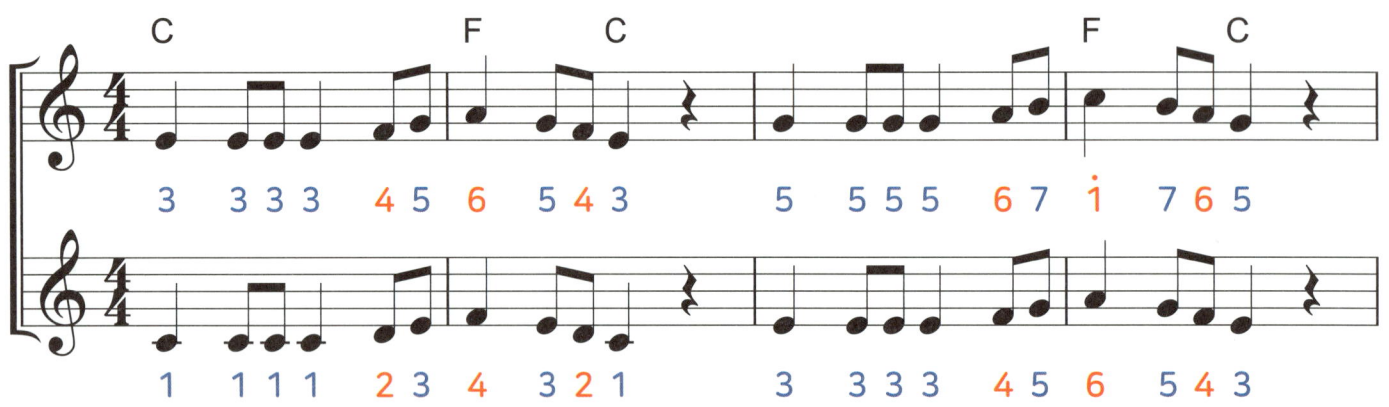

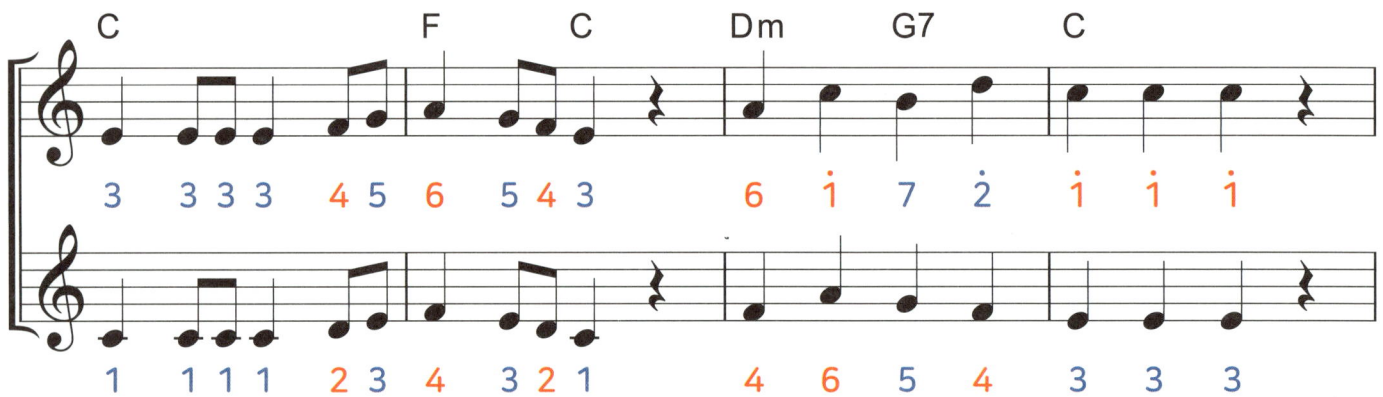

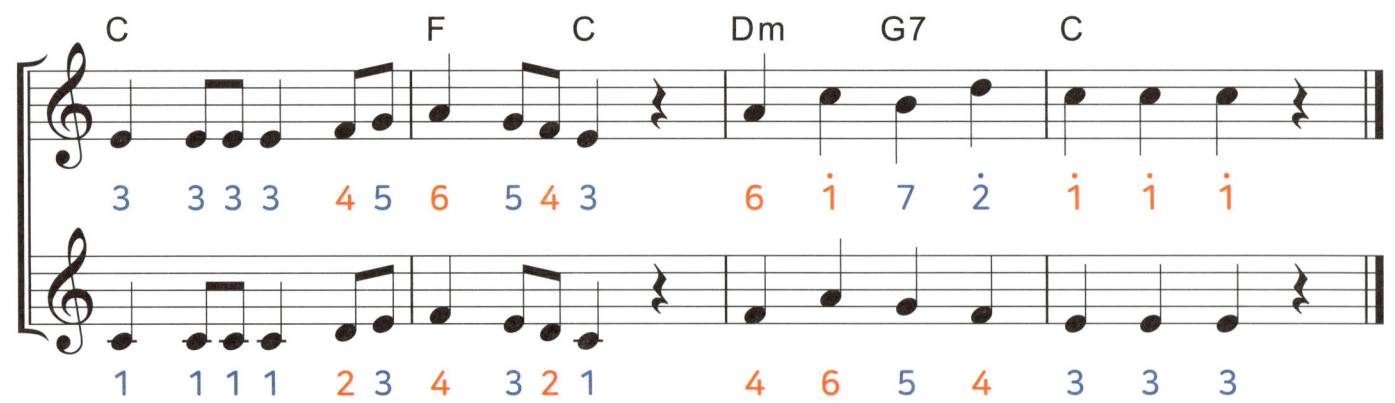

젓가락 행진곡

륄리 작곡

G7 C G7 C

5 5 5 5 5 5   5 5 5 5 5 5   7 7 7 7 7 7   i̇ i̇ i̇ i̇ 7 6

simile

4 4 4 4 4 4   3 3 3 3 3 3   2 2 2 2 2 2   1 1 1 1 2 3

G7 C G7 C

5 5 5 5 5 5   5 5 5 5 5 5   7 7 7 7 7 7   i̇ 5 3 1   3̇

4 4 4 4 4 4   3 3 3 3 3 3   2 2 2 2 2 2   1   *Fine*   i̇

G C G7 C

2̇ i̇ 7   6   5   5 5 6 5   4   4 4 5 4   3   4 5   3̇

7   6 5   4 3   3 3 4 3   2   2 2 3 2 1   2 3   i̇

G7 C G7 C

2̇ i̇ 7   6   5   5 5 6 5   4   4 4 5 4   3   3 3

7   6 5   4 3   3 3 4 3   2   2 2 3 2 1   1 1

D.C.

55

Heart And Soul

카마이클, 로서 작사, 작곡

캐롤 메들리

크리스마스 캐롤

그루버

C

5 6 5 3   5 6 5 3   2̇ 2̇ 7   1̇ 1̇ 5

3 4 3 1   3 4 3 1   4 4 5 4   3 3 1 2 3

F   C   F   C

6 6 1̇ 7 6   5 6 5 3   6 6 1̇ 7 6   5 6 5 3

4 4 6 5 4   3 4 3 1   4 4 6 5 4   3 4 3 1

G   C   G   C

2̇ 2̇ 4 2̇ 7   1̇ 3̇   1̇ 5 3 5 4 2   1 —

4 4 5 4 3   5   5 3 1 2 2   1 —

쿠츠

C   F   C   F

3 4 5 5   6 7 1̇ 1̇   3 4 5 5 5 5 5   6 5 4 4 4

1 2 3 3   4 5 6 6   1 2 3 3 3 3 3   4 3 2 2 2

57

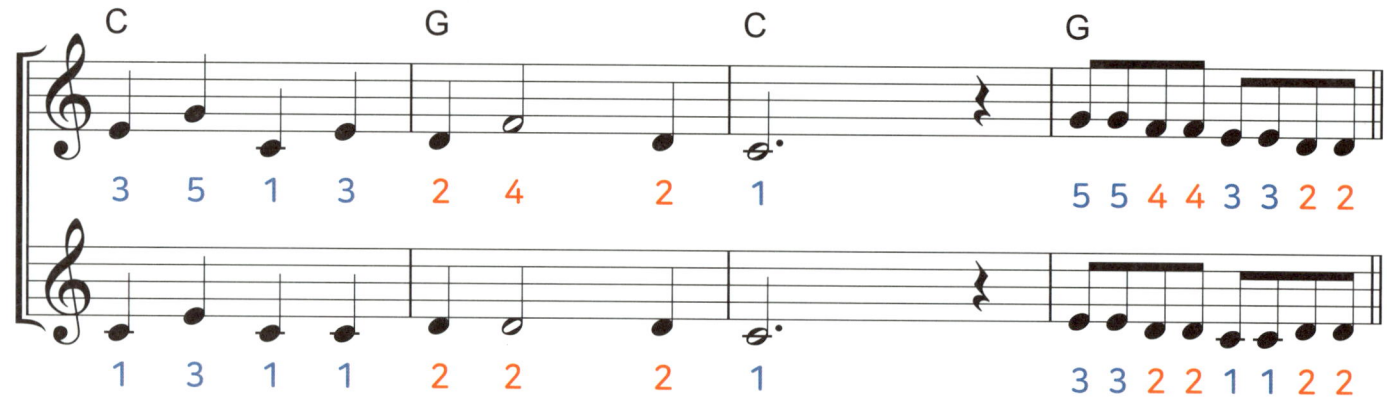

미첼

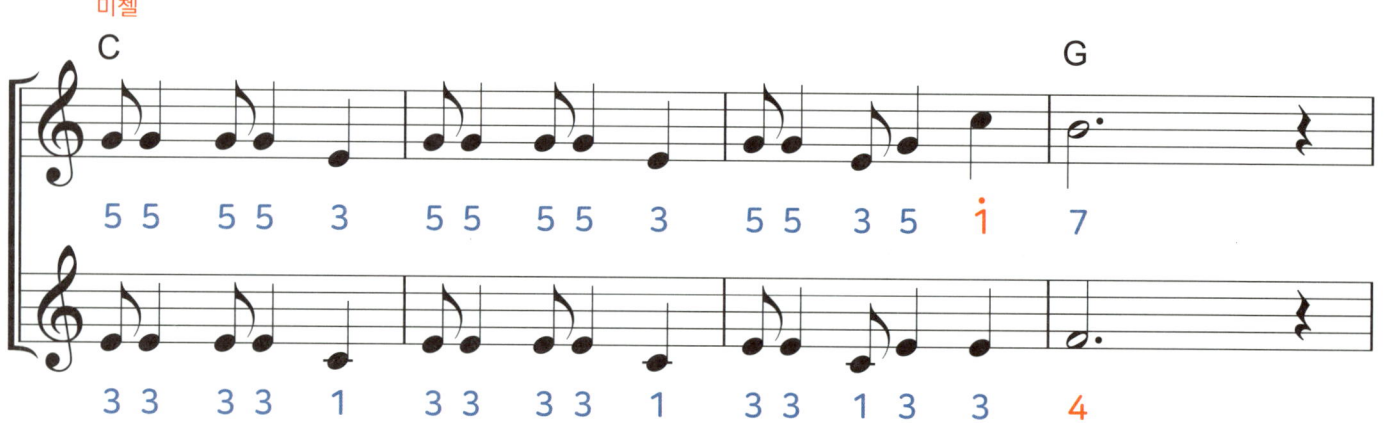

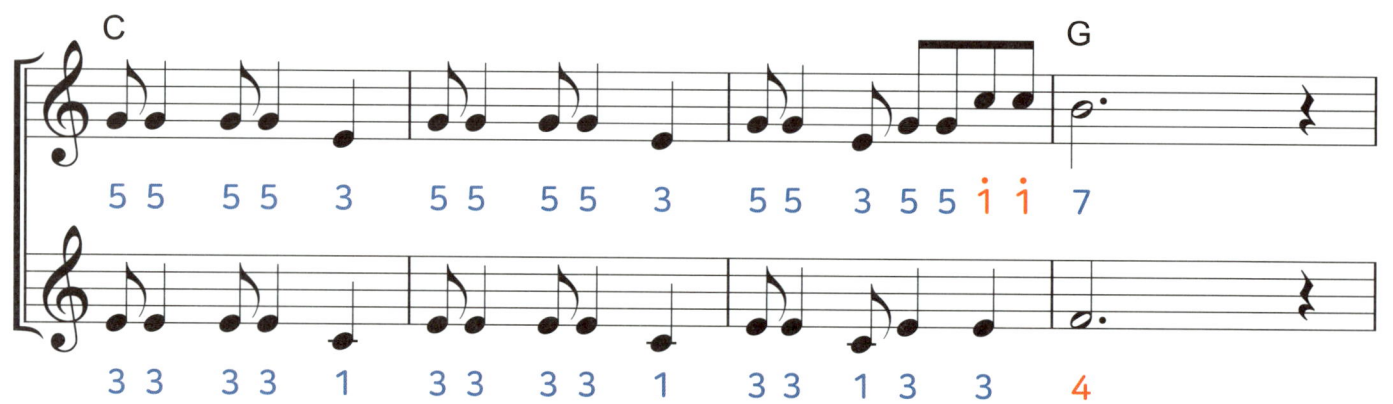

영국 캐롤

59

밤하늘의 별을

강봄 작사, 작곡

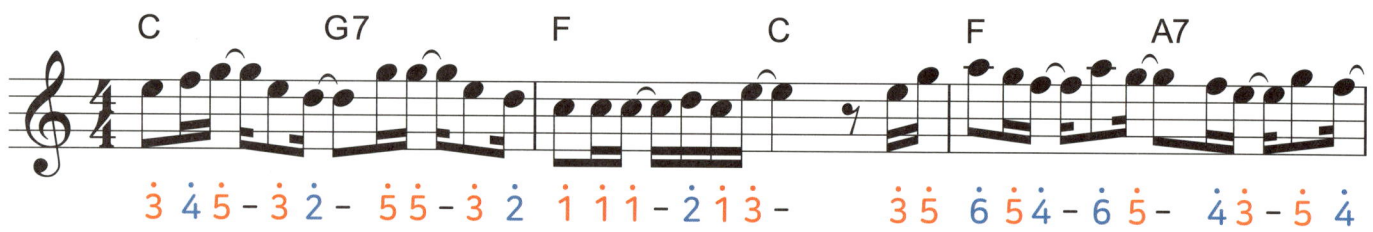

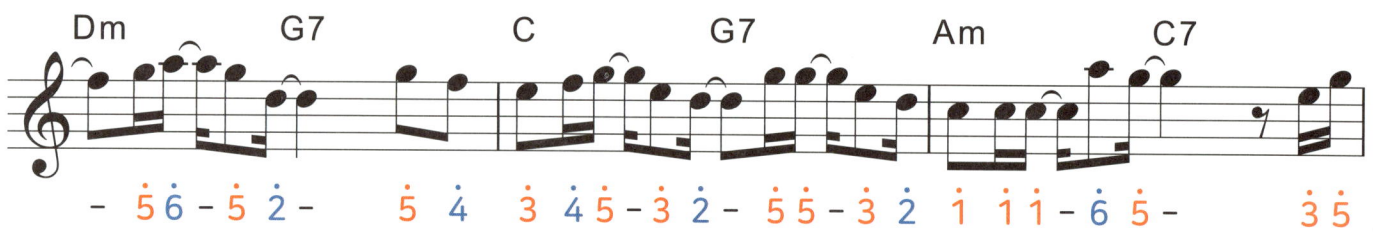

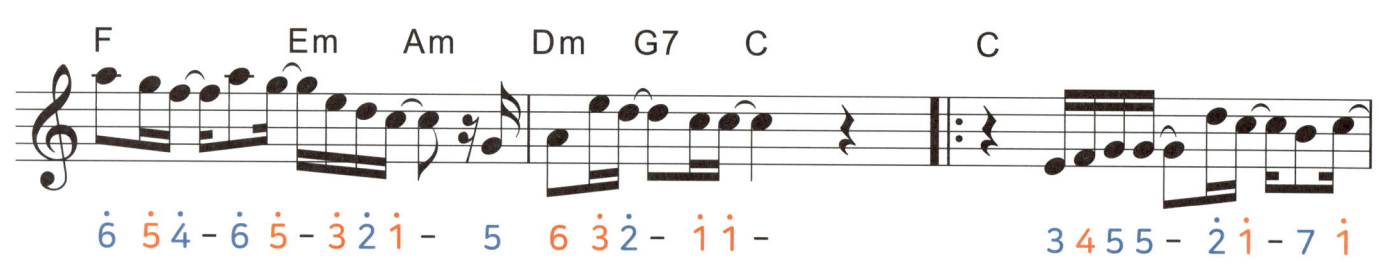

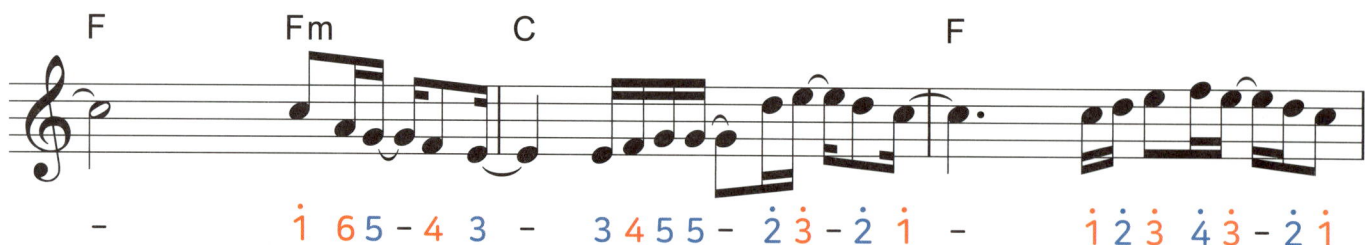

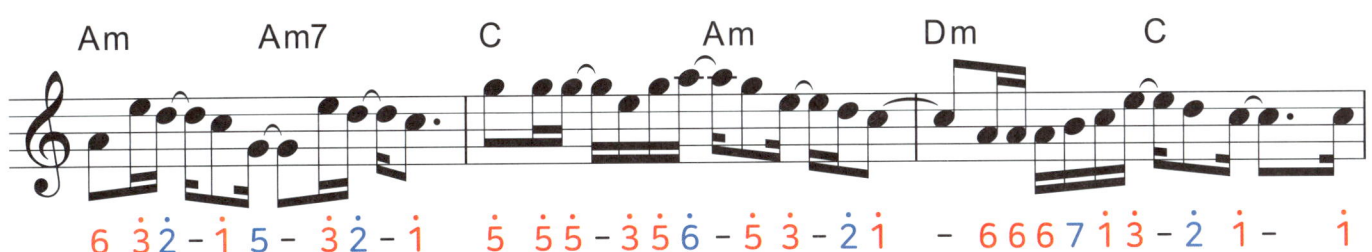

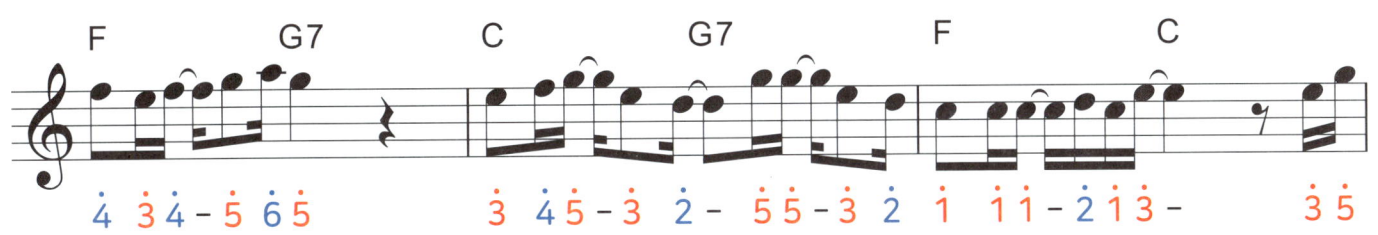

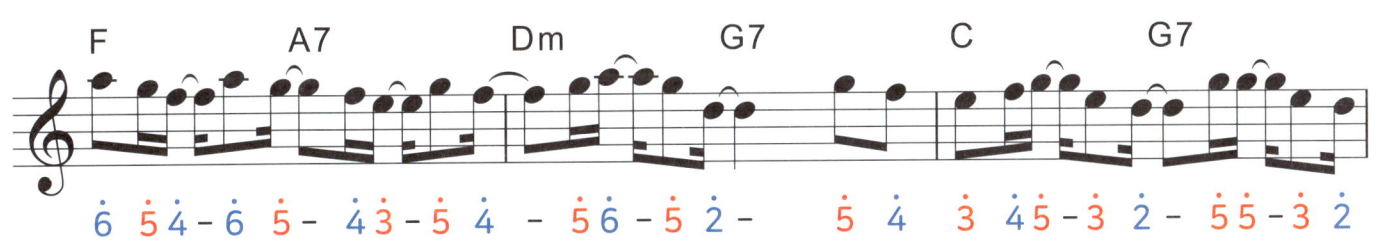

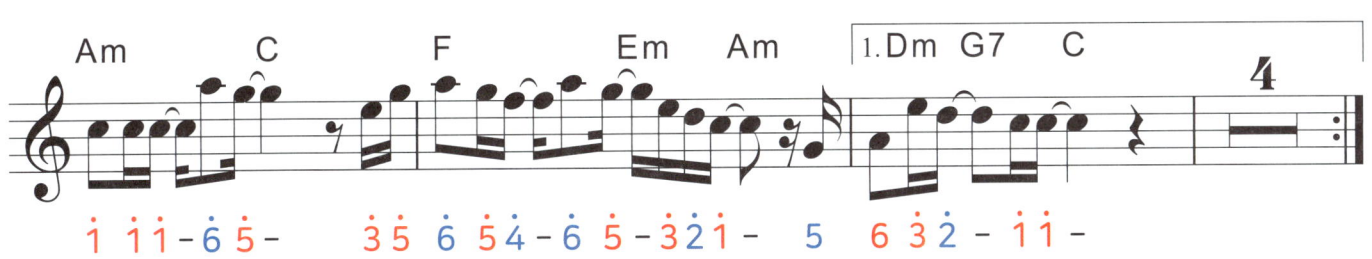

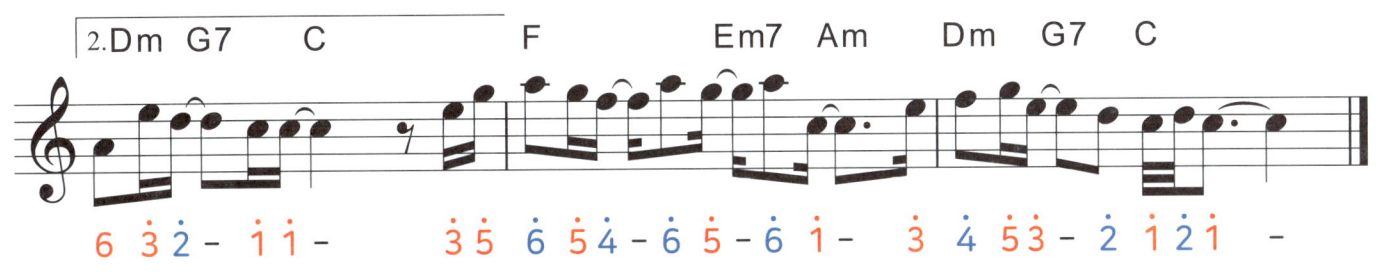

나는 반딧불

정중식 작사, 작곡

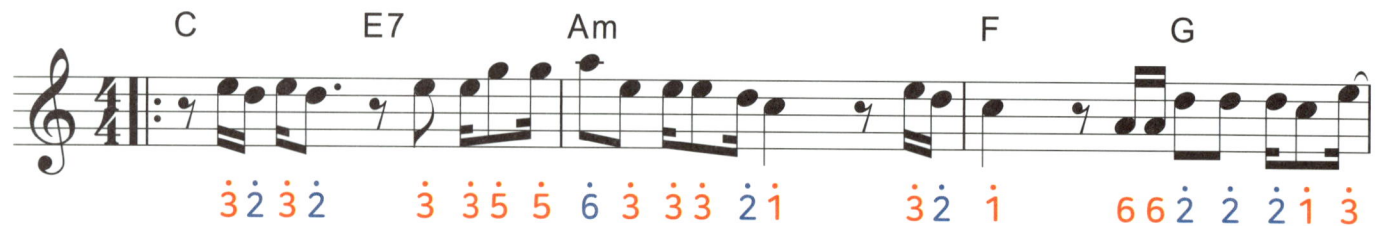

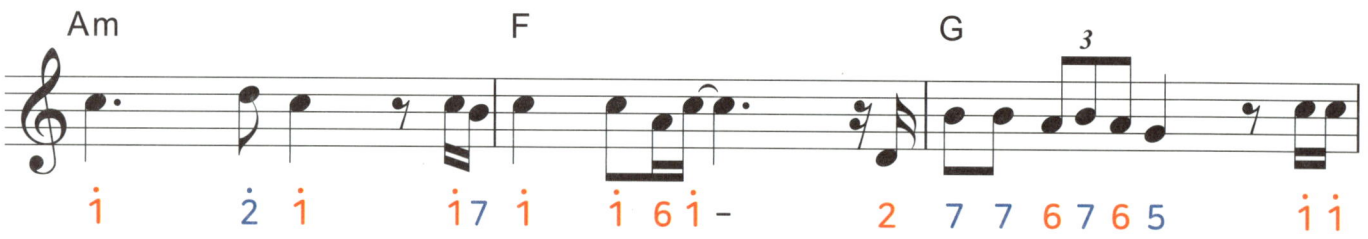

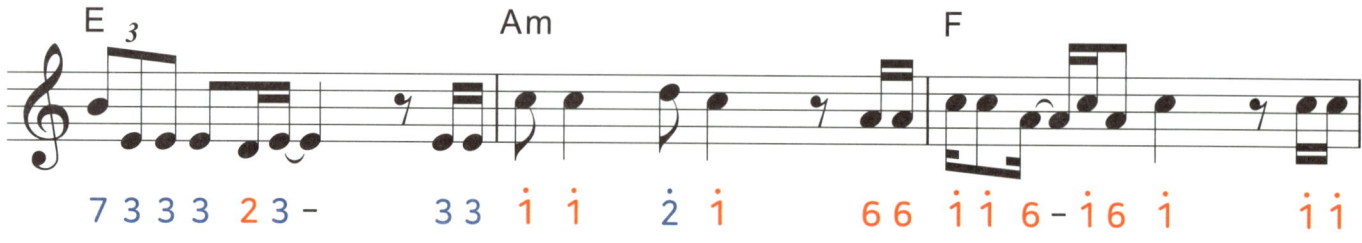

이효원

러시아 야쿠티아 국립음악원 피아노 마스터클래스

이탈리아 루카 신포니아 음악학교 전문 연주자 과정 Diplom

숙명여대 대학원 음악치료학과 졸업

로마 국제 음악 아카데미 합창&오케스트라 지휘 Diplom

Yein Music & Art School 대표

아마빌레 리코더 전문 강사

강화윈드 오케스트라 플루트 단원 & 강사

예인 청소년 오케스트라 단장

리코더, 오카리나, 칼림바, 우쿨렐레 초등학교 문화예술강사

플루트 & 바이올린 강서구 지역아동센터 강사

발행일	2026년 5월 15일
발행인	남 용
편저자	이효원
발행처	일신서적출판사
주 소	서울시 마포구 독막로 31길 7
등 록	1969년 9월 12일(No. 10–70)
전 화	(02) 703–3001~5(영업부)
	(02) 703–3006~8(편집부)
F A X	(02) 703–3009

ISBN   978–89–366–2920–5 (93670)